जापान की चुनिन्दा कहानियाँ

जापान की चुनिन्दा कहानियाँ

राज बुद्धिराजा

वाणी
प्रकाशन

प्रकाशन के उत्कृष्टतम 63 वर्ष

सजिल्द पहला संस्करण : 2008
सजिल्द दूसरा संस्करण : 2026

vaniprakashan.com

वाणी प्रकाशन

4695, 21-ए, दरियागंज, नयी दिल्ली-110 002

फ़ोन : + 91 11 23273167, 23275710

शाखाएँ

अशोक राजपथ, पटना-800 004, बिहार

कॉफ़ी हाउस कैम्पस, महात्मा गांधी मार्ग, प्रयागराज-211 001, उत्तर प्रदेश

महात्मा गांधी अन्तरराष्ट्रीय हिन्दी विश्वविद्यालय, वर्धा-442 001, महाराष्ट्र

sales@vaniprakashan.in
vaniprakashan@gmail.com

Japan Ki Chuninda Kahaniyan
by Raj Buddhiraja

ISBN : 978-81-8143-783-9
Collection of Stories

मूल्य : ₹ 450

जी.एस. ऑफ़सेट, दिल्ली-110 095 में मुद्रित

वाणी प्रकाशन का लोगो मक़बूल फ़िदा हुसैन की कूची से

समर्पण

जापान के काव्य-साहित्य में मुरासाकि शिकितु लिखित 'मेन्जि मोनीगातारि' विश्व-विख्यात है। इसकी रचना ग्यारहवीं शताब्दी में कोर्ट लेडी द्वारा की गई थी। ज्ञात हो कि जापानी साहित्य राजाओं-महाराजाओं की छत्रछाया में पनपता रहा। जापान के उपन्यास और कहानी में ज्यादा अन्तर नहीं है। लघु उपन्यास और लम्बी कहानी दोनों एक ही रूप में देखी जाती हैं दोनों ही प्रकारों में कहानी धीरे-धीरे आगे बढ़ती है। अन्त इतना अस्पष्ट होता है कि उसे पाठकों पर छोड़ दिया जाता है। पाठक चाहें तो उसका अन्त बदल भी सकते हैं। यही जापान के काव्य साहित्य की विशेषता है। मैंने उन्हीं कहानियों का चयन किया है जिनमें प्रतीकात्मकता और अमूर्तता अधिक है।

***

भारत-जापान के सांस्कृतिक सम्बन्धों को समर्पित।

अपनी बात

जापान जाएगी' मेरी उस्तानी जी मुझसे पूछतीं।' 'हाँ जाऊँगी।' तब मुझे यह पता भी नहीं था कि जापान कहाँ है? शायद उनका मन रखने के लिए यूँ ही कह दिया करती थी। अपनी ज़िन्दगी से जूझते-जूझते कब जापान चली गई, मुझे पता ही नहीं चला। उससे पहले नेपाल और मॉरीशस।

तोक्यो विश्वविद्यालय में अध्ययन के दौरान जब मैं अपनी छात्र-छात्राओं से हिन्दी के वाक्य-विन्यास कराते समय मुझे जापान की युवा-पीढ़ी को समझने का मौका मिला, और साइकिल-सवारी करते समय मुझे जापान की प्रकृति से बतियाने का मौका मिला। जापानी-संगीत के माध्यम से संस्कृति-साहित्य तक पहुँची और मैं जापान के बारे में लिखने लगी। वही जापान जो आज दुनिया का ताकतवर देश बन चुका है। मेरे लिए एक वटवृक्ष जिसकी जड़ें और शाखाएँ इस कदर आपस में गुंथी हुईं हैं कि पता ही नहीं चलता कि कौन कहाँ है?

कक्षा के बाद नामी-गरामी जापानी साहित्यिक हस्तियों से गरमा-गरम बहस होती और मैंने यह निर्णय किया कि कुछ कहानियों से भारतीय जनमानस का परिचय कराया जाए। मैंने अपनी पसंद के कलाकारों का चयन किया जो युद्ध की विभीषिकाओं का चित्रण करने में सिद्धहस्त थे। जापान में 1945 और भारत में 1947 की स्थितियाँ मुँह बाए मेरे सामने खड़ी थीं। मेरा बचपन भारत-विभाजन की त्रासदी का जीता-जागता गवाह था। वह जो गवाही देता रहा, उसे मैं कलम-बद्ध करती रही।

मैंने आठ साहित्यकारों की बारह कहानियाँ अपने हाथ में लीं। साहित्यकार हैं—ओसामु दाज़ाई, मात्सुमोतो सेइचि, योशियुकि जुन नो त्सुके, आकुतागवा र्‌योनोत्सुके, हयाशि फ़ुमिको, युकियो, यिशिमा कवाबाता

यासुनारि और सकागुचि-आनूगो। इन सभी कहानियों में युद्धोपरांत की त्रासदी झेलता हुआ एक जासूसी कलाकार भी सम्मिलित है। जापान की भौगोलिक सांस्कृतिक और आर्थिक परिस्थितियाँ मुझ पर इस तरह हावी होने लगी कि मैं भी एक जापानी लेखक की तरह सोचने लगी।

जापानी साहित्यकार इस कदर अकेला अवसाद से घिरा हुआ है कि शिखर-सम्मान भी उसके ज़ख़्मों पर मरहम लगा सकते। उसकी आत्महत्या की प्रवृत्ति जग-ज़ाहिर है इतना लोकप्रिय होने के बावजूद वह 'हराकरि' क्यों करता है? इन सवालों का जवाब किसी के पास भी नहीं है, मेरे पास भी नहीं।

अनुवाद करना बहुत मुश्किल काम है। मौलिक से भी ज़्यादा मौलिक। अनुवादक की कई-कई भावभूमियों को छूते हुए शब्दों के धरातल पर पहुँचना होता है। मैं इस पूर्व प्रकाशित संग्रह के दूसरे संस्करण को प्रस्तुत करने में हर्ष का अनुभव कर रही हूँ। इसके बारे में कुछ कहने की अपेक्षा सुनने को अधिक उत्सुकता हैं।

मैं अपने जापानी भारतीय मित्रों और मानसिक भाव भूमि का धन्यवाद करती हूँ जिन्होंने मुझे दोनों देशों को समझने और अनुवाद करने में मेरी सहायता की है।

अन्त में, मैं वाणी प्रकाशन के प्रति आभार व्यक्त करती हूँ जिसकी सहायता के बिना यह संग्रह पुनर्जन्म न ले पाता।

इन्हीं शब्दों के साथ

—राज बुद्धिराजा
जी-233
प्रीत विहार
दिल्ली-110092

क्रम

ओसामु दाज़ाई
(1909-1948)

ओसामु दाज़ाई

(1909-1948)

ओसामु दाज़ाई एक ऐसे कथाकार हैं जिन्होंने अपने जीवन-काल में ही ख्याति के शिखर को छू लिया था, खासतौर पर नयी-पीढ़ी संसार में लोकप्रियता का अर्जन इन्हीं की ही विशेषता है। उच्च वर्ग के धनाढ्य एवं प्रभावशाली परिवार में जन्मे दाज़ाई को अभूतपूर्व कल्पना-शक्ति प्राप्त थी जिसे ईश्वर प्रदत्त ही कहा जा सकता है। युद्ध के बाद की कहानियों में 'अस्त होता सूर्य' तथा 'विलन की पत्नी' बहुचर्चित हैं। उन्होंने सैंतीस वर्ष की अल्पायु में ही जिस लोकप्रियता को प्राप्त किया, वह अपने आप में बेजोड़ है।

'आत्मदाह' कहानी में नकाब ओढ़कर दो धरातलों पर एक साथ जीने वाला नायक उस समय के पुरुष समाज का प्रतिनिधित्व करता है। 'विलन की पत्नी' में भी पुरुष समाज के एकाधिकार का चित्रण है।

विलन की पत्नी

(विलन नो त्सुमा)

गेट खुलने की आवाज से मेरी नींद खुल गयी थी, लेकिन बिस्तर से बाहर नहीं निकल सकी। जानती थी कि आधी रात के वक्त नशे में धुत् मेरा पति लौटा होगा।

उसने साथ वाले कमरे का स्विच ऑन किया, उसकी जोर-जोर से साँस लेने, मेज और बुक-शेल्फ की दराज खोलने की आवाज साफ सुनाई पड़ने लगी जैसे कि वह कुछ ढूँढ़ रहा हो। कुछ मिनट बाद लगा कि जैसे वह फर्श पर ही ढेर हो गया हो। 'क्या तुमने खाना खा लिया है?' बिस्तर में पड़े-पड़े ही मैंने पूछा। 'कप बोर्ड में चावल रखा है।'

'धन्यवाद!' जबर्दस्ती बटोरी मुलायम आवाज में उसने जवाब दिया।

'अब बच्चा कैसा है? क्या उसे अब भी बुखार है?' यह भी मेरे लिए एक असाधारण बात थी। बच्चा चार वर्ष का हो चुका है। बाप की नशे की वजह से या अपनी बीमारी की वजह से वह दो वर्ष से भी छोटा लगता है। वह तो अपने पैरों पर भी खड़ा नहीं हो सकता। यदि बोलने की बात की जाय तो वह केवल मुम-मुम ही बोल पाता है। कभी-कभी तो यह अहसास होता है कि कहीं वह

अर्धविकसित ही न रह जाए। एक बार जब मैं उसे पब्लिक-बाथ के लिए ले गयी, कपड़े उतारने पर लगा कि वह इतना कमजोर और बीमार लगता है कि उसे देखकर मेरा दिल डूबने लगा और सबके सामने मेरी आँखें डबडबा आयी। उसका हर समय या तो पेट खराब रहता है या बुखार रहता है लेकिन मेरे पति ने कभी भी उसकी परवाह नहीं की। वह इस बच्चे के बारे में सोचता भी है या नहीं, इसमें भी शक है। यदि कभी बीमारी के बारे में कहूँ भी तो उसके नसीहत के चंद टुकड़े मेरे सामने उछल आते हैं। 'तुम्हें डॉक्टर के पास ले जाना चाहिए।' कोट पटकता हुआ न जाने कहाँ निकल जाता है। वास्तव में मैं ही तो उसे डॉक्टर के पास ले जाना चाहती हूँ, लेकिन मेरे पास पैसा नहीं है। उसे बाँहों में भरने और थपथपाने के सिवा उसके लिए कुछ कर भी तो नहीं सकती।

पर उस रात कारण चाहे जो भी रहा हो मेरा पति कुछ आश्चर्यजनक रूप से उदार दिख रहा था स्वास्थ्य के बारे में उसकी पूछताछ ने मुझे जरा भी राहत नहीं दी। शायद यह किसी दुर्भाग्य की सूचना थी। ठंडी हवा मुझे ऊपर से नीचे तक लील गयी। और मैं चुपचाप सोने का बहाना करती रही, बाकी बची रह गयी थीं उसके खर्राटों की आवाजें।

तब अचानक ही भीतर आने वाले दरवाजे से, 'क्या कोई घर पर है?' किसी औरत की धीमी आवाज सुनाई पड़ी। ऐसे लगा जैसे बर्फ का ठंडा पानी उँड़ेल दिया गया हो।

'क्या तुम घर पर हो मिस्टर ओतानि?' उसने स्लाडिंग दरवाजा खोलकर निश्चय ही गुस्से में कहा, 'मिस्टर ओतानि, तुम जवाब क्यों नहीं देते? 'अंततः मेरा पति दरवाजे तक गया, 'हाँ, क्या बात है?' उसने डरी सहसी आवाज में कहा।

'तुम अच्छी तरह से जानते हो कि क्या बात है? तुम्हें लोगों के

पैसे चुराने की क्या जरूरत पड़ गयी जबकि तुम्हारे पास इतना बड़ा घर है। इस तरह के मजाक छोड़ो और सब कुछ वापस कर दो, नहीं तो मैं सीधे पुलिस स्टेशन जा रही हूँ।'

'मैं नहीं जानता कि तुम किस बारे में बात कर रही हो। अब और इनसल्ट बर्दाश्त नहीं कर सकता। तुम्हारी हिम्मत कैसे पड़ी यहाँ आने की। निकल जाओ, वरना मैं पुलिस बुलाता हूँ।'

'अब बहुत हो चुका। दूसरों का पैसा चुराना, मजाक से जरा कुछ ज्यादा ही है ओतानि। ऊपर वाला ही जानता है कि तुम्हारी वजह से मेरी पत्नी और मुझे कितना नुकसान हुआ है। तुम्हें पहचानने में मैंने भारी गलती की।'

'यह क्या ब्लैकमेल नहीं है?' मेरे पति ने गुस्से से काँपती आवाज में कहा।

'तुम वास्तव में ही बदमाश हो। अब पुलिस बुलाने के सिवा और कोई चारा ही नहीं है।'

'जहन्नुम में जाओ,' मेरा पति चिल्लाया।

मैंने नाइट-गाउन पर कुछ ओढ़ा और हॉल के पास जाकर आगंतुकों को झुककर अभिवादन किया। 'क्या यह तुम्हारी पत्नी हैं?'

साफ-सुथरे कपड़े घुटनों तक ओवरकोट पहने, गोलाकार मुख वाला पचास के आस-पास का आदमी बोला।

दुबली-पत्ली चालीस के करीब की वह औरत बोली, 'माफ कीजिएगा, इस आधी रात को आपको परेशान किया।'

मेरे पति ने अचानक सैंडिल उतारी और उस आदमी ने उसकी बाँह खींची पल भर में गुत्थमगुत्था। 'चले जाओ नहीं तो....' मेरा पति चिल्लाया और एक चाकू उसके हाथ में चमक उठा।

मुझे याद आया कि वह हमेशा इसे दराज में रखता है, शायद वह इसी को खोज रहा होगा।

'चोर,' वह दरवाजे की ओर जाते-जाते चिल्लाया, और मैं नंगे पैर, गिरती-पड़ती उसे पकड़े रखी 'कृपा कीजिए, इस तरह से किसी को भी फायदा नहीं होने वाला है। मैं हरेक चीज की जिम्मेवारी लेती हूँ।'

'हाँ, वह ठीक कहती है,' औरत ने कहा।

'अब और नहीं पुलिस ही कुछ कर सकती है।' वह आदमी अपने-आप से बुदबुदाया।

'कृपया अंदर आइए, और जो कुछ हुआ भी है, साफ-साफ बताइए। शायद मैं कुछ इमदाद कर सकूँ।'

दोनों ने एक-दूसरे की आँखों में कुछ पढ़ा, 'श्रीमती ओतानि! आपको बता देना ही ठीक रहेगा।

'कृपया....!'

'हम ज्यादा नहीं रुकेंगे,' आदमी ने ओवरकोट को उतारते हुए कहा।

'सर्दी ज्यादा है, और इसे पहने रहिए। हीटिंग सिस्टम इस घर में नहीं है।'

तताभि पर फटी-पुरानी गद्दियाँ बिछाकर उन्हें बैठने को कहा।

'माफ़ कीजिएगा। मेरे पति की वजह से आपको कष्ट हुआ कि इस आधी रात को....।'

मेरी बात बीच में ही रह गयी, और आँखें डबडबा आयीं।

'माफ कीजिएगा, श्रीमती ओतानि आप कितने वर्ष की हैं।'

'छब्बीस'

'सचमुच! जब मैं अंदर आयी तो दंग रह गयी कि ऐसी सुन्दर पत्नी के होते हुए ओतानी इस प्रकार की हरकत कर सकता है।'

'वह बीमार है, इसलिए शायद...'

'नकानो स्टेशन के पास मेरी पत्नी और मैं मिलकर एक

रेस्टोरेंट चलाते हैं! हम तो गाँव के हैं, लेकिन तंग आकर तोक्यो आ बसे। किसी तरह पैसा-पैसा जोड़कर यह छोटा सा-रेस्टोरेंट खोलकर सोचा कि शायद कुछ लोग एक-दो येन खर्च कर मनोरंजन कर सकें। जिन व्हिस्की भी थोड़ी बहुत रख ली, जब दूसरी जगहों में कमी पड़ जाती है तब हमारे यहाँ बनी रहती है।'

'अमरीका और इंग्लैंड के युद्ध के समय जब भीषण बम-वर्षा हुई थी, तब भी हमने यही निश्चय किया था कि हम यहीं बने रहेंगे जब तक कि यह जगह जलकर राख नहीं हो जाती। न कोई हमारे बच्चे थे, जो कि हमें बाँधे रहते! खैर। तुम्हारा पति हमारे यहाँ सबसे पहले 1944 के वसंत को आया था। उन दिनों हम युद्ध में पराजित नहीं हुए थे। तब वह अकेला नहीं था। यह कहते हुए हमें अजीब लग रहा है पर जब हम तुमसे कुछ छिपा नहीं रहे तो बेहतर है साफ-साफ पूरी कहानी बता दी जाए। वह एक वृद्ध महिला के साथ रसोई के दरवाजे से अंदर घुसा। हम यह बताना भूल गये कि उन दिनों आगे का दरवाजा बंद रहा करता था, और कुछेक नियमित ग्राहक पीछे के दरवाजे से आया-जाया करते थे।'

'वह वृद्धा कहीं आस-पास ही रहती है। जहाँ यह काम करती है, जब वह शराब खाना बंद हो गया और उसकी नौकरी जाती रही तब कुछ पुरुष मित्रों के साथ, वह हमारे यहाँ आने लगी। उसका नाम अकिचान था। उसे तुम्हारे पति के साथ देखकर हमें हैरानी नहीं हुई। पिछले कमरे में बैठाकर, हमने उन्हें 'जिन' दी। उस शाम तुम्हारे पति ने चुपचाप शराब पी। अकिचान ने बिल अदा किया, और दोनों साथ-साथ वापस लौट गये। उस दिन वह जरूरत से ज्यादा शरीफ लग रहा था।'

'दस दिन के बाद, वह अकेला आया, और उसने 100 येन का नोट दिया। (उस समय 100 येन की कीमत बहुत ज्यादा हुआ

करती थी। आज के तीन हजार के बराबर) वह नोट उसने मेरी मुट्ठी में थमाकर मुस्कराते हुए कहा 'ध्यान रखना'। मेरे यहाँ आने से पहले वह कुछ पी कर आया था और यहाँ पर भी लगातार बिना कुछ बोले दस गिलास 'जिन' के पी गया। मेरी पत्नी और मैंने जब बात करने की कोशिश की तो वह बेशरमी से मुस्करा दिया। अचानक उसने वक्त पूछा और वह खड़ा हो गया। 'छुट्टा।' ठीक है। नहीं जानता इसका क्या करूँ? अगली बार के लिए बचाये रखो। मैं जल्दी वापस आऊँगा। सिर्फ उसी दिन ही हम उससे पैसा पा सके। बाद में वह कोई न कोई बहाना बनाकर टालता रहा, तबसे लेकर लगातार तीन बरसों तक, एक भी येन भुगतान किए वह शराब की बोतलें खाली करता रहा।'

इससे पहले कि मैं जानती कि माजरा क्या है मेरी हँसी फूट पड़ी। यह सब इतना बेहूदा था कि मैंने अपने मुँह पर हाथ रखकर देखा कि वह औरत भी हँस रही थी। और तब उसका पति भी हँसने के सिवा कुछ और न कर सका।

'निश्चित रूप से इसमें हँसने की कोई बात नहीं है, पर मैं इतना तंग आ चुका हूँ कि हंसे बगैर नहीं रह सकता। उसने अपनी लियाकत और मेहनत किसी दूसरे काम में लगायी होती तो या तो वह केबिनेट मिनिस्टर बन गया होता या उसे पी-एच.डी. मिल गयी होती। या और भी कुछ ऐसा जिसकी उसे ख्वाहिश थी। जब तक अकिचान की दोस्ती रही तब तक वह कहा करता था कि यह बारन ओतानि का छोटा बेटा है, पिता के मर जाने पर बड़े भाई ने संपत्ति स्टेट में बाँट दी। वह जरमन और फ्रेंच का योग्य विद्वान और जापान का सुप्रसिद्ध नवयुवक कवि। केवल वह औरत ही नहीं, बल्कि दूसरे लोग भी इसके बारे में इसी तरह की बातें किया करते थे। सभी की दृष्टि में तुम्हारा पति एक बड़े बाप का बेटा था।

आजकल के जमाने में लोग इसे 'मानसिक दासता' ही कह सकते हैं।'

'जहाँ तक मेरा सवाल है मैंने यह तय कर लिया था इस बार इसे मुफ्त में शराब नहीं पिलाऊंगा। जब अगली बार वह थका-माँदा आता तो हमारे यहाँ आकर उसे कैसी शांति मिलती, बता नहीं सकता। तब मैं उसे शराब ला देता, नशे में धुत् होने पर भी उसने कभी बेहूदी हरकत नहीं की। यदि वह पैसे देता था, शायद वह एक भला ग्राहक बन सकता था। उसने जीनियस होने का कभी घमंड नहीं किया। अकिचान या दूसरों के इर्द-गिर्द जमा रहने पर जब उसकी महानता के बारे में याद दिलाया जाता तब या तो वह विषय बदल देता और या मुझे कुछ समय चाहिए ताकि मैं उधार चुका सकूँ।'

'अंततः युद्ध बंद हो गया, और हम अपनी दुकान में नये पर्दे लगाकर खुल्लम-खुल्ला शराब बेचने लगे। हमने एक लड़की भी रख ली, जिससे दुकान की चहल-पहल दुगुनी हो गयी। उसके बाद वह किसी भी औरत के साथ नहीं आया। उसके साथ दो-चार पत्रकार हुआ करते थे। वह पहले से भी ज्यादा पीने लगा। यदि बुरा न मानो तो उसकी आँखें खूँख्वार लगतीं, वह बेहूदे लतीफे सुनाता या साथ आये पत्रकारों की टाँग खींचता। उसने इस तरह की हरकतें पहले कभी नहीं की थीं। और इससे ज्यादा क्या कहा जाए। हमारे यहाँ काम करने वाली बीस वर्षीया लड़की पर डोरे डालने लगा। हम कुछ ज्यादा कर भी नहीं सकते सिवाय इसके कि उस लड़की को निकाल दिया जाए। हमने चुपचाप उसे उसकी माँ के यहाँ भेज दिया और ओतानि से कहा कि अब तुम यहाँ कभी मत आना। जो लोग ब्लैक मार्किट का धंधा करते हैं, उन्हें दूसरों की आलोचना करने का कोई हक नहीं है। मैं तुम्हारी पोल खूब अच्छी तरह

जानता हूँ। अगली रात को उसकी अदा से कुछ भी नहीं लगा कि कोई बात हुई है। पर आज रात जो कुछ भी हुआ यह कहकर टाला नहीं जा सकता, कि वह कवि या भला आदमी है। यह तो खुल्लम-खुल्ला डकैती है। उसने हमारे पाँच हजार येन चुरा लिए। सब कुछ व्यापार में फँसने के बाद यदि सौ येन भी हाथ में रहे, तो बहुत होता है। वह भी तब इकट्ठा हो सका जब साल भर की रकम कुछ ग्राहकों से वसूल की। यदि हमने यह रकम होलसेलरज़ की नहीं दी, तो हम बरबाद हो जाएंगे। मेरी पत्नी पीछे के कमरे में रकम गिन रही थी। पीते-पीते यह अचानक उठा और बिना कुछ बोले भीतर जाकर रकम छीन ली, और बिल चिंदी-चिंदी कर डाले।'

'हम दुकान बंद कर इसके पीछे भागे मगर यह नहीं रुका। एक बार मन भी हुआ, 'चोर-चोर' चिल्लाकर आसपास को इहकट्ठा कर लें। मगर पुरानी पहचान के कारण ऐसा नहीं कर सके। सिर्फ हम इसका पीछा करते रहे। हमने आराम से पैसों के बारे में पूछा और अंत में इसे यहाँ आकर पकड़ा। अब जानती हो क्या हुआ? इसने चाकू निकाल कर मार डालने की धमकी दी। यह क्या तरीका है बर्ताव का।'

दुबारा यह सब मुझे बेइदा लगा, मैं नहीं जानती क्यों? और मैं हँसते-हँसते लोट-पोट हो गयी। वह औरत भी थोड़ा मुस्करा दी। अनियंति हो तब तक हंसती रही, जब तक कि मेरी आँखों में आँसू न आ गये। और यह कोई ऐसी समस्या नहीं थी कि जिसे सिर्फ हँसने से सुलझाया जा सकता है। 'जैसे-तैसे मैं कुछ करूँगी, क्या आप मुझे कल तक का समय दे सकते हैं? मैं निश्चित ही आपसे मिलूँगी।' वे किसी तरह सहमत हो गये।

उनके जाने के बाद उस ठंडे कमरे में बैठकर चुपचाप अपनी योजना के बारे में विचार करती रही। पर कुछ भी तो समझ में नहीं

आ रहा था। मैं वहाँ गयी, जहाँ मेरा बेटा सो रहा था। उसके सिर को हिलाकर सोचा क्या ही अच्छा होता कि यह रात कभी ....और....कभी भी खत्म न होती।

किसी ज़माने में असाकुसा पार्क में, मेरे पिता छोटा-सा स्टाल चलाया करते थे। मैं बहुत छोटी थी जब मेरी माँ मरी थी। हम दोनों मिलकर रहते और काम-काज किया करते थे। मेरे पति यदा-कदा वहाँ आते और मैं अपने पिता से छिप-छिप कर उससे कहीं दूर जाकर एक लंबे अरसे तक मिला करती थी। और जब मैं गर्भवती हो गयी तो उसे अपना पति बनाने पर मजबूर करती। लेकिन यह सब रजिस्टर्ड नहीं हुआ था। अब बच्चा बिना बाप के बड़ा हो रहा है। जब वह तीन-चार दिनों या महीनों तक घर से बाहर रहता है तो मुझे मालूम नहीं कि वह कहाँ क्या करता है। हमेशा वह नशे में धुत् होकर लौटता, पीली मुरझायी आँखों से मुझे देखता, कभी चिल्लाता और कभी आँसू बहाता है। और कभी बिस्तर में, जोर से भींचता ओह। यह ज्यादा दिन नहीं चल सकता। मुझे बचाओ! बचाओ! कभी-कभी देर गये काँपता रहता है। अगली सुबह ऐसे लगता है, जैसे किसी ने उसके जिस्म में से रूह निकाल ली हो। तब तीन-चार दिनों के लिए वह गायब हो जाता है। मेरे पति के कुछ मित्र कभी-कभार कुछ पैसा दे जाते हैं, जिससे हम दोनों किसी तरह भुखमरी से बच जाते हैं।

न जाने कब झपकी लग गयी। आँख खुली तो सूरज की किरणें दरवाजों की दरारों में से झाँक रही थीं। मैं तैयार हुई, बच्चे को पीठ पर लादा और बाहर निकल गयी। अब एक मिनट के लिए भी उस सूनेरे भयावह घर में ठहर नहीं सकती थी। बिना किसी उद्देश्य के मैं चलती चली गयी और पाया कि मैं स्टेशन की तरफ जा रही हूँ। एक बन बच्चे के लिए खरीदा, उसे खिला-पिलाकर,

टिकट खरीद कर किचिज्योजि की तरफ जाने वाली गाड़ी में सवार हो गयी। तभी मैंने अपने पति के नाम का एक पोस्टर देखा, वह किसी पत्रिका का एडवरटाइजमेंट था, जिसमें मेरे पति की कहानी 'फ्रानकोइस विलेन' छपी थी। जब मैंने उस शीर्षक के साथ अपने पति का नाम पढ़ा तो मेरी आँखें में आँसू भर आये और वह पोस्टर धुँधला पड़ता गया।

किचिज्योजि स्टेशन पर उतरी और पाया कि न जाने कितने वर्षों तक यहाँ चहल-कदमी की हो। तालाब के किनारे के पेड़ काट दिये गये थे जैसे कोई कन्सट्रक्शन चल रही हो। चारों तरफ नंगी और ठंडी जमीन दिखायी दे रही थी। मैंने बच्चे को पीठ पर से उतारा और हम दोनों टूटी-फूटी बेंच पर बैठ गये। मैंने बच्चे को शक्करकंदी थमा दी जो मैं घर से लायी थी। 'यह बहुत सुन्दर पार्क है। किसी ज़माने में यहाँ सुनहरी मछलियां हुआ करती थीं। पर अब तो कहीं कुछ भी नहीं है। चारों तरफ ठंडा नंगापन! है न?' नहीं मालूम उस बच्चे पर क्या प्रतिक्रिया हुई, वह सिर्फ हँस दिया। यूँ तो वह मेरा ही बच्चा था लेकिन किसी ईडियट से कम नहीं लग रहा था।

सिर्फ बेंच पर बैठे रहने से कुछ बनने वाला नहीं था, इसलिए बच्चे को पीठ पर लादकर धीरे-धीरे स्टेशन की ओर बढ़ी। टिकट खरीदकर नकानो की ओर जाने वाली गाड़ी में सवार हो गयी, शायद किसी तरह भीतर के तूफान से छुटकारा मिल सकता।

रेस्टोरेंट के पिछले दरवाजे से अंदर जाकर देखा कि मालिक कहीं गया हुआ है, और उसकी पत्नी दुकान की सफाई कर रही है। मेरे दिमाग में फौरन एक योजना कौंध गयी।

'लगता है कि मैं कल तक ज़रूर तुम्हारा पैसा चुकता कर दूँगी, चिंता करने की कोई बात नहीं।'

'बहुत धन्यवाद' वह खुशी से नाच उठी। लेकिन फिर उसके चेहरे पर निश्चिंतता की लकीर नहीं बन सकी।

'यह तय है कि किसी ग्राहक के आने से पैसा मिल जाएगा और जब तक कोई आये मैं तुम्हारे काम में हाथ बँटा दूँ।'

मैंने बच्चे को नीचे उतार उसे खुद-ब-खुद खेलने के लिए छोड़ दिया।

दोपहर तक मालिक लौट आया।

'श्रीमती ओतानि तुम पैसे के बारे में तब तक निश्चित नहीं हो सकती जब तक कि वह तुम्हारे हाथों में आ नहीं जाता।' उसने करीब-करीब शान्त आवाज में कहा।

'मुझ पर भरोसा रखो, सिर्फ आज भर के लिए। तब तक मैं तुम्हारे काम में हाथ बँटाती हूँ।'

'यही तो मैं कहता हूँ कि पैसा वापिस मिल जाए। इस साल में पाँच-छह दिन ही तो बाकी रह गये हैं।'

'आह! कोई ग्राहक आया है। स्वागत है।' मैंने मुसकराते हुए कहा।

'अपूर्व सुन्दरी! है न!'

'बहुत पैसा लगा है।'

'लाख डालर।' दूसरे ने कहा।

'कहा जाता है कि औरतें आधी कीमत पर मिल जाती हैं।' उनकी सुर में सुर मिलाते हुए मैंने कहा।

'बनो मत! आजकल तो कुत्तों, घोड़ों तक को बराबरी का दर्जा दिया जाता है। ओ प्रिया, मुझे तुम से प्यार हो गया है, पहली नजर में।' सबसे कम आयु के युवक ने कहा, 'क्या वह तुम्हारा बच्चा है।'

'नहीं,' मैडम ने उसे बाँहों में झुलाते हुए कहा। 'किसी रिश्तेदार

ने हमें दिया है। आखिरकार हमें अपना उत्तराधिकारी मिल ही गया।'

'क्या मिल जाएगा उसे तुमसे?'

'प्यार और कर्ज। पर तुम क्या लोगे?' बॉस ने मिले-जुले स्वर में कहा।

क्रिसमिस की पूर्व संध्या। तभी तो उस दुकान में चहल-पहल थी। मैं इस कदर घबरायी हुई थी कि मालकिन के बार-बार कहने पर भी चख कर नहीं देख सकी। हालाँकि सवेरे से खाने को देखा तक नहीं था। कुछ ग्राहक मेरा नाम जानना और कुछ हाथ मिलाना चाहते थे।

नहीं जानती थी कि इसका अन्त कहाँ होगा? मैं मुस्करा-मुस्करा कर सभी का जवाब देती रही एक से दूसरे तक फिसलते हुए बेहूदगी से भरे हँसी-मजाक को यूँ ही झेलती रही और उनके प्यालों में शराब डालती रही। दुनिया में कभी-कभी आश्चर्य जैसा हो जाता है। नौ के तुरन्त बाद मुखौटे से ढका चेहरा लिए एक आदमी अन्दर आया, उसके साथ एक पैंतीस वर्षीय छरहरी एक युवती थी। मैं पहचान गयी कि वह मेरा चोर पति था।

मेरी ओर बगैर देखे, वह मेरे सामने वाली मेज पर बैठ गया। शायद न देखने का बहाना किये हुए था। सामने बैठी औरत ने मुझे अपनी ओर बुलाया।

'क्या तुम मुझे मैरी क्रिसमिस भी नहीं कह सकते?' मैंने उसके कंधे झकझोरते हुए कहा।

'लगता है कि यहाँ आने से पहले खूब पी चुके हो।'

औरत ने नज़र-अंदाज़ करते हुए कहा, 'हम यहाँ के मालिक से कुछ बातचीत करना चाहते हैं, क्या तुम उसे बुला सकती हो?'

रसोई में बॉस मछली तल रहा था। 'ओतानि आ चुका है,

लेकिन उस औरत से मेरा जिक्र मत करना। मैं नहीं चाहती कि उसकी हँसाई हो!'

बॉस सीधा गया और ओतानि को तीखी नजर से देखा। उस खूबसूरत औरत ने दो-तीन बातें कीं और तीनों ही दुकान से बाहर निकल गये।

शायद सब कुछ हो चुका था। मैं बीस वर्षीय नीला सूट पहने युवक के पास आकर खुशी से झूम उठी थी। 'पियो! और पियो! आज क्रिसमिस है।' लगभग तीस मिनट भी न गुजरे होंगे कि बॉस अकेला लौट आया।

'धन्यवाद श्रीमती ओतानि, मेरी रकम मुझे मिल गयी।'

'मैं कितनी खुश हूँ। पूरा पैसा?'

'हाँ।' जितना उसने कल लिया था।

'और उसका पूरा कर्ज़ कितना है?'

'बीस हजार येन।'

'एक-एक येन मैं चुका दूँगी। क्या तुम कल से मुझे अपने यहाँ नौकरी दे सकोगे?'

'क्या? यह क्या मज़ाक है?' और वे सब हँस पड़े।

आज दस बजे के बाद रेस्टोरेंट छोड़ा और बच्चे के साथ घर लौट आयी। जैसा कि मैं जानती थी कि मेरा पति घर पर नहीं था। लेकिन मैंने परवाह नहीं की। कल जब मैं उस दुकान पर जाऊँगी तब उससे मुलाकात हो जाएगी और वह किसी खूबसूरत औरत के साथ होगा। मुझे अपनी मूर्खता पर गुस्सा आ रहा था। इससे पहले मैंने काम करना क्यों नहीं सोचा। पिता के जमाने से ही, मैं बहुत ही सलीके से स्टॉल चलाया करती थी। फिलहाल आज के टिप में मुझे पाँच सौ येन मिल गये थे।

दूसरे दिन से ही मेरी दिनचर्या बदल गयी। खुशी और हल्केपन

का एहसास लिए मैं ब्यूटी सैलून में गयी, बाल सेट कराये, कॉसमैटिक्स खरीदे। और अपनी ड्रेस सुधार ली। लगा कि मुसीबतों का पहाड़ जो सिर पर भारी बना हुआ था, जल्दी से ढह गया है।

सवेरे नाश्ता करना, और काम पर जाना, यही सब जरूरी लगता है। नव-वर्ष का पहला सप्ताह रेस्टोरेंट के लिए अजीब-सी खुशी लेकर आता है। सब। कहीं खचा-खच! इसी में मेरा पति भी आता, शराब पीता, बिल चुकाने देता और कभी-कभी देर रात गये मुझसे पूछता कि मैं घर कब जाऊँगी। और हम दोनों खुशी-खुशी चले जाते।

'इससे पहले मैंने काम शुरू क्यों नहीं किया? कितनी खुशी मिलती है।'

'औरतें खुशी और गमी के बारे में कुछ भी नहीं जानतीं।'

'शायद तुम ठीक कहते हो। और मर्द?'

'मर्द के हिस्से में गमी ही आती है। वे हमेशा डर से लड़ते-झगड़ते रहते हैं।'

'मैं नहीं समझ सकती। इतना जानती हूँ कि मेरी यह जिंदगी हमेशा-हमेशा ऐसे ही चलती रहे। बॉस और मैडम कितने सदाशय हैं।'

'बेवकूफी की बात मत करो। वे मुझे पिलाकर मदहोश इसलिए कर देते हैं कि आखिर में, मैं उनकी रकम चुका सकूँ। तथा वे मुझसे पैसा ऐंठ सकें।

'यह तो उनका धंधा है। खैर! उस मैडम से तुम्हारा कुछ रिश्ता है न?'

'शायद हाँ। उन्हें अब भी कुछ चाह है?'

'वे ठंडी साँस भर कर यही कहते हैं कि तुमने उसे कर्जदार बना दिया।'

'मैं तुम्हारे लिए एक भयंकर-भयावह चरित्र भले ही हो सकता हूँ। लेकिन मैं मर जाना चाहता हूँ। क्योंकि मैं जिंदगी को इससे ज्यादा बर्दाश्त नहीं कर सकता। जब से पैदा हुआ, मैंने मर जाने के सिवा और कुछ सोचा ही नहीं। लेकिन मैं मरता दिखायी नहीं देता। शायद जो भगवान है, वही मुझे मरने देना नहीं चाहता।'

'क्योंकि तुम्हारे पास करने के लिए कुछ काम है।'

'मेरा काम, कोई खास मकसद नहीं है। न मैं बहुत बढ़िया लिखता हूँ और न घटिया। यदि लोग कहते हैं कि यह अच्छा लिखता है, तो वह बढ़िया हो जाता है यदि उसे बेकार कहा जाता है तो वह बेकार हो जाता है। जिससे मुझे डर लगता है, वह यह है कि इस दुनिया में कहीं न कहीं भगवान है। है न?'

'मालूम नहीं।'

रेस्टोरेंट में काम करते हुए, मुझे दस दिन हो गये। मैं इस निष्कर्ष पर पहुँच गई हूँ, कि वहाँ आने वाला, हर व्यक्ति अपराधी है। न केवल ग्राहक, अपितु गलियों में चलने वाला हर व्यक्ति अपने भीतर एक प्रकार का छल-कपट छिपाये हुए हैं। करीने से सजी-सँवरी युवती जब तीन-सौ येनं में 'साके' बेचने आयी तो मैडम ने सस्ता समझकर खरीद लिया। बाद में पता चला, कि उसमें पानी मिला हुआ है। मैंने सोचा जबकि आभिजात्य परिधान में लिपटी महिला इस कदर चालाक हो सकती है तो आम आदमी के लिए साफ-सुथरी बेदाग जिंदगी गुजारना असंभव जैसा है।

हे ईश्वर! यदि तुम कहीं हो तो मुझे अपना रूप दिखाओ। नव-वर्ष के अंतिम दिनों में किसी ग्राहक ने मुझसे बलात्कार किया। उस रात मूसलाधार वर्षा हो रही थी। मेरे पति के आने की संभावना न के बराबर थी। मैं घर जाने के लिए तैयार थी और एक

आदमी अभी भी पी रहा था। मैंने सोते हुए बच्चे को पीठ पर बाँधा, 'एक बार फिर मैं अपना छाता ले जाना चाहूँगी मैडम!'

'मेरे पास छतरी है मैं इसी से आपको घर छोड़ दूँगा।' वह नाटे कद का दुबला-पतला पच्चीस साल का युवक था।

'बहुत धन्यवाद! पर मुझे तो पैरों-पैरों जाने की आदत है।'

'मैं आपके पड़ोस में ही रहता हूँ।'

उसने केवल तीन गिलास पिये थे, और अभी होश में ही था। हमने एक साथ गाड़ी पकड़ी, और स्टेशन पर उतर गये। गहरी अँधेरी गलियों में उससे न थमने वाली बरसात में हम दोनों सटकर एक ही छाते के नीचे चलते रहे।

'मैं तुम्हारे बारे में सब कुछ जानता हूँ। असल में, मैं ओतानि का प्रशंसक हूँ और खुद भी कविता लिखता हूँ।' उसने अब तक एक शब्द नहीं बोला था, वह अचानक ही मुखर हो उठा था।

मेरा घर आ चुका था। 'बहुत धन्यवाद।'

'रेस्टोरेंट में फिर मिलेंगे।'

'गुड बाई।'

आधी रात को बड़े गेट के पीटे जाते ही मेरी नींद खुल गयी। सोचा, हमेशा की तरह नशे में धुत् मेरा पति होगा। सो मैं चुपचाप पड़ी रही।

'श्रीमती ओतानि! कष्ट के लिए क्षमा।' उस युवक की आवाज थी। 'लौटते समय मैं पीने के लिए बैठ गया, और सच तो यह है कि मैं यहाँ से दूर दूसरी दिशा में रहता हूँ। जब स्टेशन पहुँचा तो आखिरी गाड़ी छूट चुकी थी। क्या मुझे तुम रात गुजारने की इजाजत दोगी। बहुत सवेरे पहली गाड़ी से ही यहाँ से चला जाऊँगा।'

'मेरे पति घर पर नहीं हैं। चाहो तो सामने के हॉल में सो सकते हो' मैंने फटी-पुरानी गद्दियाँ उसकी ओर बढ़ा दीं।

जल्दी ही उसकी खर्राटे की आवाज सुनायी पड़ने लगी।

अगली भोर में उसने मुझे....। दूसरे दिन मैं रेस्टोरेंट में गयी, जैसे कुछ हुआ ही नहीं। मेरा पति मेज के पास समाचार पत्र पढ़ रहा था। उसका गिलास शराब से भरा था। मुझे लगा कि आज की सुबह कितनी खुशगवार है उसकी किरणें गिलास पर चमक रही हैं।

'यहाँ कोई और नहीं है?'

'बॉस खरीददारी से नहीं लौटा। मैडम शायद किचन में होगी।'

'पिछली रात तुम आये नहीं न?'

'दस के बाद!' पता चला कि तुम अभी-अभी निकली हो।

'तब'

'मैंने रात यहीं गुजार ली, बरसात जो हो रही थी।'

'तब मैं भी आज से यहीं सोना शुरू कर दूँगी।'

'हमेशा के लिए, पर किराये पर घर उठाना ठीक समझदारी नहीं है।'

बिना कुछ कहे वह अखबार के पन्ने उलटता रहा।

'तो! तुम क्या जानती हो? वे सब मेरे बारे में गलत और झूठी बातें लिख रहे हैं। वे मुझे आभिजात्य वर्ग का जालसाज और लोलुप कहते हैं। इसका मतलब हुआ कि मैं संघाराम हूँ। यह सच्चाई नहीं है।'

'जरा देर से ही सही तुम्हें पता है कि मैंने पाँच हजार येन क्यों चुराये थे? काश! तुम्हें और तुम्हारे बच्चे को इस लंबे अरसे के दौरान नये साल का तोहफा दे सकता। इससे सिद्ध हो जाता है कि मैं लोलुप नहीं हूँ। है न!'

इससे (शब्दों से) मुझे खुशी नहीं हुई। 'जब तक हम जिंदा रह सकते हैं लोलुप होने में गुनाह नहीं है।'

आत्मदाह

जिस्म से निकलती रूह की तरह, बिना किसी आहट-आवाज के, वह घर से बाहर चला गया था। रसोईघर में खाने की प्लेटें हाथ में लिए मैंने महसूस किया कि वह मेरे पीछे खड़े-खड़े अचानक ही गायब हो गया है। गर्मी की उस रात को, खिड़की के पास खड़ी हो, उसका जाना चुपचाप देखती रही थी।

'पापा कहाँ जा रहे हैं?'

हमारी सात वर्षीया बेटी ने मासूमियत से पूछा। वह थोड़ी देर पहले तक बगीचे में खेलती रही थी और अब रसोईघर में हाथ-पैर धोने चली आई थी।

'मंदिर'

'क्यों?'

'याद नहीं, आज तेरह जुलाई है? मृतकों के तर्पण का पहला दिन।' अचानक ही झूठ मेरे जहन में आसानी से बस गया था।

'क्या तुम सोचती हो कि वे जल्दी लौटेंगे?' चुप रहने के सिवा मेरे पास दूसरा कोई जवाब नहीं था।

मुझे याद है, घर में अगले दरवाजे के आसपास बीस गज के छोटे से टुकड़े में, मैं कभी सब्जियाँ उगाया करती थी। मेरे पति जो जब-तब बागवानी में हाथ बटाया करते थे, अब उन्हें घर से किसी भी तरह का लगाव नहीं था। मुझे यह भी याद है कि भयंकर

बम-वर्षा से सब तहस-नहस हो गया था। सभी की तरह उजड़े हुए घर का बोझ मेरे कंधों पर था—ऐसा बोझ, जो केवल पत्नी ही बर्दाश्त कर सकती है।

मैं अपने दोनों बच्चों के साथ आओरी की तरफ चली गयी थी। मुझे अब भी याद है कि तन के कपड़ों के सिवा मेरे पास कुछ भी नहीं था। मेरे पति एक सुप्रसिद्ध पत्रिका से संबंधित थे। वे तोक्यो में ही रह गये थे, क्योंकि दफ्तर से दूर रहना उनके लिए मुश्किल था।

चार महीने के बाद जब मैं लौटी, तब अधजले घर को रहने लायक बनाया। आठ वर्षों के विवाहित जीवन में पहली बार महसूस हुआ, कि मेरा पति घर से बहुत दूर जा चुका है।

आर्थिक धक्का बर्दाश्त न कर सकने से उसकी पत्रिका भी ध्वस्त हो चुकी थी। अपने दो-तीन पुराने मित्रों की सहायता से उसने कारोबार जमाने की कोशिश की, मगर स्वाहा हो गया। उसका बार-बार कर्ज में बँध गया।

मुझे याद है कि बरामदे में खड़ा होकर वह घंटों क्षितिज की ओर ताका करता था। उसका सोचना ही उसके लिए बहुत बड़ी उपलब्धि थी। आधी रात तक सिगरेट पीना और अधजले टुकड़ों को बगीचे में बिखेरना उसकी आदत् बन चुकी थी। इसी तरह सिगरेट पीते-पीते वह घर से बाहर चला गया था, और उस रात नहीं लौटा था।

मुझे मालूम है कि वह एक अच्छा पति था। पिछले दस वर्षों के विवाहित जीवन में वह कभी भी गाली-गलौज तक नहीं उतरा था, सिवा एक घटना के। जब मासाको दो बरस की थी। मैंने उसकी किसी बात का जवाब नहीं दिया था। अपने नथुने फैला वह खूँख्वार निगाहों से मुझे घूरता रहा था और फटाक् से दरवाजा बंद

कर बाहर चला गया था, कि वह कितना खतरनाक आदमी हो सकता है।

हाँ! तो मैं उसके बादलाव का जिक्र कर रही थी। चार महीने के अकेलेपन ने उसे पूरी तरह थका दिया था। जितना ही मैं उन लमहों को याद करती हूँ उतना ही खुद को गहरी झील में डूबा हुआ महसूस करती हूँ। मुझे इतना भी याद है, कि वसंत की उस दोपहरी को मेरे सामने झुककर आदाब बजाया था और लगभग गिरता-पड़ता दूसरे कमरे में चला गया था।

'मैंने बीयर की बोतलें बर्फ में लगा रखी हैं, चाहो तो.... ।'

'यदि तुम साथ दो तो।'

मेरे पिता शराबी थे, और मैं अपने पति से भी ज्यादा शराब पी सकती थी। जैसे कि शादी के बाद अक्सर पिया करती थी। उसका चेहरा लाल सुर्ख हो जाता था। और मुझे सिर्फ कानों में कुछ बजता सुनाई देता था।

जब-तब याद करती रहती हूँ अपने परिवार को। एक कमरे में, खाना खाते मेरे बच्चे और दूसरे कमरे में मेरी बाँहों में कैद शराब में डूबा अर्धनग्न उनका पिता, शांत समुद्र में तूफानी लहरों का अहसास। हवा में ऐसी घुटन कि एक दूसरे से बात तक करना मुश्किल हो जाता था। असल में वह मेरी निगाहों से बचना चाहता था।

'जब तुम दिन में शराब पीती हो, तब तुम्हें पटाना बहुत आसान होता है।'

'बदमाश कहीं के।'

मैंने नशीली निगाहों से उसके अर्धनग्न शरीर को देखा और कंधे पर ताजे नखक्षत और दंतक्षत के निशान को भी, जिसे वह लापरवाही से छिपाने की नाकामयाब कोशिश कर रहा था। इस

बीच मैंने भी न देखने का बहाना कर लिया था।

शायद तब चौदह जुलाई थी। वह पहले अपने आप से बड़बड़ा रहा था, और बाद में कुछ मासाको और कुछ मुझसे कहता रहा था।

'चौदह जुलाई को क्रांति....चौदह जुलाई की क्रांति.... ।'

उसका गला भर आया था, और आँखें में आँसू उमड़ आये थे।

'क्रांति कभी खत्म नहीं होती, वह बार-बार शुरू होती रहती है। हमें उसे जारी रखना ही होगा। यह भी लाजवाब चीज है—उदास, खूबसूरत और प्यार-भरी।'

'जानते हो मासाको, तुम्हारा पिता कभी भी सो सकता है।'

और वह अपना मुँह धोने चला गया था।

'हाँ, हाँ मैं पियक्कड़ हूँ, फ्रांसीसी क्रांति पर आँसू बहाता हूँ। सुन लो। बिस्तर पर जा रहा हूँ।'

इसके साथ ही पूरा घर सन्नाटे में डूब गया था। मुझे मालूम है कि वह अभी तक रो रहा होगा, क्रान्ति के लिए नहीं बल्कि उस खूबसूरत प्यार के लिए, जहाँ वह पहुँच नहीं सकता था।

एक तरफ शांति और दूसरी ओर उसका सौंदर्य। मैं सोचती चली गयी थी, ओसन के बारे में जिसने पति के लिए खुद को तबाह कर लिया था। मैं ओसन बनना नहीं चाहती कि अपना सर्वस्व दाँव पर लगा, घर की शांति बनाये रखूँ। मैं लगातार सोचती चली जाती हूँ।

'मैं किस लिए अकेली छोड़ दी गयी हूँ?'

सोचने से कभी कोई नतीजा नहीं निकलता। मैं केवल पत्नी बनकर ही इस घर में रह सकती हूँ। पूरी तरह सजधज कर—पूरी तरह आहें भरकर उसके लौटने का मुझे इंतजार करना है। क्योंकि मैं संबंध-विच्छेद नहीं कर सकती, क्योंकि मैं तीन बच्चों की माँ हूँ। मुझे मालूम है कि दो-तीन रातें बाहर रहने के बाद, वह एक रात घर

में गुजारेगा और वह अपनी छोटी बेटी को बाँहों में झुलाते हुए कहेगा—

'यह कितनी खूबसूरत है? है न?' और बिस्तर पर लुढ़क जाएगा। एक अंतहीन यातना। कभी पति-पत्नी के बीच में बच्चे और कभी बच्चों के बीच में पति-पत्नी।

मैं सो नहीं सकी, वह भी नहीं सो पाया होगा। मैं फिर से ओसन के बारे में सोचने लगी थी।

'तुम्हारे पास नींद की गलियाँ हैं?'

'हैं। मगर असर नहीं होगा।'

'तुम्हें छह से ज्यादा गोलियाँ नहीं खानी चाहिए।'

उसके प्रति दया उपज आयी थी और मैं उसे सहलाने लगी थी। उस दिन मेरे भीतर की बर्फ पूरी तरह पिघल गयी थी और कई रातों के बाद देर तक सोती रही थी। 'मुझे इस शहर से बाहर जाना ही होगा', एक सुबह उसने कहा।

वह मुझसे ही दूर जाना चाहता था।

'यदि कोई चोर-डाकू आ जाए, तो मैं क्या करूँगी?'

मैं खिलखिलाती रही थी, और वह जल्दी-जल्दी बाहर चला गया था।

जरूरत के बिना वह एक मिनट भी घर नहीं रुक सकता था। यह हमारी आखिरी बात-चीत थी। तीन दिन बाद सुवा से निकले अखबार में उसकी आत्महत्या की खबर पढ़ने को मिली।

'मैं उस औरत के संयोग-वियोग में नहीं मर रहा। मैं एक पत्रकार हूँ, और एक पत्रकार लोगों को क्रांति और विध्वंस के लिए प्रेरित करता रहता है। मैं अपनी पत्रकारिता को मरते हुए नहीं देख सकता। यदि कोई शैतान मेरी मौत की खबर पढ़कर शर्मिन्दा हो सके, तो मुझे खुशी होगी।'

कई तरह की बेवकूफियों से भरा खत। हैरानी होती है मुझे यह जानकर, कि एक पति नकाब ओढ़कर मर भी सकता है, ठीक उसी तरह जिस तरह वह जीता रहता है। मुझे याद है नकाब ओढ़ी उसकी जिंदगी, गरमी की चाँदनी रात में उसने खिलखिलाते हुए कहा था–

'तुम बहुत अच्छी हो।'

'और तुम भी। मगर बदल गये हो।'

'बदलाव, कैसा बदलाव? नहीं तो....?'

'वह तो सिर्फ गमी है।'

'तुम दुबला गयी हो।'

'और तुम भी।'

इसी तरह शादी के बाद तक हमने कितनी बार एक-दूसरे से इस तरह कहा था। शायद हमारे दादा-दादी ने भी इसी तरह कहा होगा।

बाद में उसके मित्र से मुझे पता चला, कि वह औरत सत्ताईस साल की थी। पत्रिका की एक रिपोर्टर। जिन दिनों में आमोरी में थी, वह कभी-कभी उसके साथ रातें गुजारा करती थी। वह उसके बच्चे की माँ बनने वाली थी। इधर वह बच्चा और उधर क्रांति के लिए शोर-शराबा, हाय-तौबा। प्रेमिका की याद में, पत्नी के सामने क्रांति की तौहीन। कितना नाटकीय है यह प्रेम।

आक्रोश और उदासी, कुछ भी नहीं था मेरे पास। मैं केवल उस बेचारे की नादानी पर अफसोस कर सकती थी।

मुझे लगा कि जैसे मैं तीनों बच्चों को लेकर उसकी अंत्येष्टि के लिए सुवा पहुँच गयी हूँ।

मात्सुमोतो सेइचि

मात्सुमोतो सेइचि

मात्सुमोतो सेइचि का जन्म 1909 में हुआ। स्कूल की प्रारंभिक शिक्षा समाप्त करने के बाद बिजली की दुकान व प्रकाशन की एक कंपनी में काम किया। बाद में 'असाहि शिंबुन' में चित्रकार की हैसियत से काम किया। 1956 ई. में दैनिक पत्र छोड़ने के बाद पूरी तरह लेखन से जुड़ गये। तब तक यह न केवल जासूसी कथाकार के रूप में बल्कि जापानी इतिहास विज्ञान, राजनीति के बारे में लिखकर प्रसिद्धि प्राप्त कर चुके थे। वास्तव में अपने ही श्रम से उन्होंने सब कुछ अर्जित किया। यह कहा जा सकता है कि आज के जापान के प्राचीन इतिहास के एक विशेष हस्ताक्षर हैं। इस प्रकार युद्धोत्तर साहित्य में उन्होंने लोकप्रियता अर्जित की है। प्रस्तुत है इनकी प्रसिद्ध जासूसी कहानी 'हरिकोमि' का अनुवाद 'अग्निदंड' जिसमें नारी जीवन की यंत्रणा का चित्रण है।

अग्निदंड

(हरिकोमि)

योकोहामा से पश्चिम की तरफ जाने वाली रेलगाड़ी में जासूस यूकि और शिमो-ओका सवार हुए। कहीं किसी रिपोर्टर द्वारा देख न लिए जाएँ, इसलिए उन्होंने तोक्यो स्टेशन पर न उतरने का निश्चय किया।

गाड़ी साढ़े नौ बजे छूटनी थी। तीसरा दर्जा पूरी तरह से भर चुका था उन्होंने बैठे-बैठे ही रात गुजारने का निश्चय किया। शिमो-ओका को क्योतो और यूकि को ओसाका पहुँचने पर ही जगह मिल सकी।

भोर होने पर सूरज की किरणें खिड़की से छन्न-छन कर डिब्बे को गरमा रही थीं। दूसरों के लिए अजीब पर वे दोनों सोते रहे।

ओकायमा और ओनोमिचि की एनाऊंसमेंट हो रही थी। वे हिरोशिमा के आसपास थे। सूरज की धूमिल लाल किरणें समुद्र पर बिखर रही थीं।

'शायद हम काफी सो चुके।' शिमो-ओका ने हँसते हुए कहा, हाथ मुँह धोकर उन दोनों ने इवाकुनि पर खाने के पैकेट खरीदे और कुछ खाया-पिया, जो न तो दोपहर और न रात का खाना था।

'तुम अगले स्टेशन पर उतर जाना।' यूकि ने कहा।

'बहुत ठीक।'

खिड़की से समुद्र का खुलापन दिख रहा था, ऐसा खुलापन जिस पर कालिमा का रंग चढ़ा हुआ था।

वे पहली मर्तबा अपने काम के लिए इतनी दूर आये थे।

'तुम्हें अभी भी लंबा सफर तय करना है।'

'हाँ।'

ओगोरी नाम के सुनसान स्टेशन पर शिमो-ओका उतरा। जहाँ से उसे छोटे गाँव के लिए एक गाड़ी पकड़नी थी। गाड़ी छूटने तक वह हाथ हिला कर यूकि को विदा कहता रहा।

'अपना खयाल रखना।'

अनजान स्टेशन की खामोशी से यूकि घबरा गया। उसे क्यूशु नाव से भोजि तक जाने के बाद उसे रेलगाड़ी से तीन घंटे का सफर तय करना था। शिमो-ओका के मन में अपने साथी के प्रति केवल सहानुभूति थी, न केवल लम्बे सफर को लेकर, बल्कि मुश्किल काम को लेकर भी।

एक महीना पहले यह दुर्घटना घटी थी तोक्यो में मेगुरों के पास। किसी ने एक कंपनी एक्जीक्यूटिव के घर में घुसकर उसकी हत्या की, और रुपया-पैसा लेकर भाग गया। पहले तो अपराधी का सुराग नहीं मिल सका। लेकिन अचानक ही तीन दिन पहले एक आदमी से जब पूछताछ की गयी तो वही अपराधी जैसा लगा। 28 वर्षीय यमादा नाम का एक मजदूर। पहले तो उसने यह कहा कि उसने अकेले ही यह सब काम किया है, और दो दिन बाद उसने अपने दो साथियों के बारे में भी बता दिया।

हत्या की बात तो मेरे ही दिमाग की उपज थी, लेकिन इशि क्यूइचि ने ही उसको मारा। तब पुलिस सतर्क हो गयी। वह आदमी यमागुचि इलाके का था। 30 वर्षीय अविवाहित, तीन वर्ष पहले

तोक्यो आ गया था। उसने कभी-किसी स्टोर में काम किया, कभी मजदूरी का और कभी खून बेचने का, और कंस्ट्रक्शन कंपनी में तो वह हाल ही में काम करने लगा था।

वह चुपचाप रहने वाला व्यक्ति था। कहा जाता है कि तोक्यो जैसा महानगर उसे पसंद नहीं था। उसके फेफड़ों में कुछ खराबी थी मगर हर समय वह हँसता रहता था कि कोई बात नहीं। वह कभी-न-कभी आत्महत्या कर ही लेगा। वह घर जाना चाहता था, मगर उसके पास पैसा नहीं था। कुछ बचत करना चाहता था, कम-से-कम यहाँ काम में रोटी तो खा ही सकता है।

जानकारी के तुरंत बाद इशि के गाँव पर नजर रखी जाने लगी, मगर वहाँ उसका कोई अता-पता नहीं था। लेकिन यह निश्चय किया गया कि तोक्यो से किसी को वहाँ की पुलिस की सहायता के लिए भेजा जाए और यह काम इन दोनों को सौंप दिया गया।

यमादा के पास इशि के बारे में कुछ कहने के लिए बहुत कुछ था। उसने एक बार बताया कि वह अपनी प्रेमिका के सपने देखा करता है। लेकिन उसकी शादी हो चुकी है, और वह क्यूश में रहती है। लेकिन उसका नाम व पता मुझे नहीं मालूम।

इसी तरह की सूचना इशि के गाँव को भेजकर उस पर नजर रखी गयी। पुलिस को इस बारे में छान-बीन करने की हिदायत दे दी गयी। पुलिस ने अंततः एक औरत पर नजर रखी। पता चला कि वे दोनों प्रेम करते थे। मगर जिस साल इशि तोक्यो चला गया। उसने भी क्यूशु जाकर शादी कर ली। स्थानीय पुलिस ने उसके पति का नाम व पता भी प्राप्त कर लिया।

तोक्यो के जासूसों की दो राय थीं। एक वर्ग तो यह कहता था, कि इशि अब तक भी अपनी प्रेमिका को नहीं भुला पाया था, शायद वह घर के आस-पास प्रकट हो जाए। दूसरी राय यह थी, कि

इतने वर्षों के बाद वह उसे भूल गया होगा जबकि उसे मालूम है कि वह क्यूशु में घर बसा चुकी है। यूकि को अच्छी तरह याद है कि वह इशि अपनी प्रेमिका को अब भी सपने में देखता है, तभी तो उसने कहा कि वह अपनी हत्या करना चाहता है। वह आदमी तोक्यो आकर मजदूरी करता है, खून बेचकर फेफड़ों की बीमारी मोल लेकर सभी आशाएँ खो बैठता है।

वह आत्महत्या की भी योजना बना सकता है। और इससे पहले शायद वह अपनी प्रेमिका से मिलना चाहे।

तो निश्चय किया गया कि शिमोओका इशि के गाँव की ओर जाए और यूकि क्यूशु की ओर।

देर रात गये यूकि अपने गंतवय तक पहुँचा, और स्टेशन की दूसरी तरफ एक 'इन्न' में ठहरा। वह बहुत थक चुका था, लेकिन गहरी नींद से वह तरोताजा हो गया।

अगली सुबह पहला काम यह किया कि वह पुलिस स्टेशन गया, और केस से संबंधित कागजातों को चीफ को दिया और सहयोग की प्रार्थना की।

वहाँ की पुलिस द्वारा उसे पूरा आश्वासन दिया गया, हर तरह के सहयोग का भी। उसका मुख्य उद्देश्य अपना परिचय देना था, धन्यवाद के बाद उसने इतना ही कहा कि वक्त आने पर वह उनकी सहायता जरूर लेगा। काम करने का उसका अपना एक अलग तरीका था। जाने से पहले पुलिस चीफ तथा अन्य सहायकों को निर्देश दिये गये कि स्थानीय समाचार पत्रों से यह बात गुप्त रखी जाए। वह अब किसी की ब्याहता है, और इशि से उसका कोई सम्बन्ध नहीं है। यदि अखबार वालों को पता चल गया तो हंसता-खेलता घर बरबाद हो जाएगा।

उस औरत के पति को कुछ मालूम नहीं था, हो सकता है कि

अपने पहले प्यार के बारे में कभी बताया ही न हो। वह सुखी थे और पारिवारिक जीवन में उस औरत को भरपूर सुरक्षा मिली थी। यदि परिवार के लोग उस अपराधी के बारे में जान पाते जिसे कि वह कभी जानती थी उससे मिलने जा सकता था। तो क्या होता। तो शायद अतीत अपना भयंकर रूप दिखाकर उसे बर्बाद कर देता।

बहुत छोटा-सा खामोश गाँव था। और स्ट्रीटकार के लिए बहुत छोटा था। घूमते-घामते वह उस घर की ओर जा निकला। घर किसी पिछली गली में था। बहुत साफ-सुथरा और एक मंजिल के मकान पर 'योकोकवां' लिखा था। पति शायद किसी बैंक में काम करता था यूकि ने देखा लेटरबाक्स उसके साथ ही परिवार के अन्य लोगों के नाम भी लिखे हुए थे। सेंतारों, सदाको, रयूचि किमिको और सदाजि। वह उस आदमी की दूसरी पत्नी थी।

उसने आस-पास देखा, गली के सामने एक छोटी इन्ना थी नाम था हिजेन-न्या। उसकी दूसरी मंजिल से योकोकवा का घर देखा जा सकता था। छोटा पर साफ-सुथरा बगीचा। इसके अलावा बरामदा और कमरे का दूसरा हिस्सा भी दिखाई देता था।

यूकि ने निश्चय किया कि इसी 'इन्न' में एक कमरा किराये पर ले लिया जाए। वह एक सस्ती 'इन्न' थी। यूकि ने पल-भर के लिए भी उस घर पर से नजर नहीं हटायी।

27-28 साल की युवती दिखायी पड़ी। उसकी चमकती आँखों और पोशाक को देखकर कहा जा सकता था कि वह गृहिणी है। उसे देखकर ऐसा नहीं लगता था कि वह कभी किसी की प्रेमिका रह चुकी होगी।

एक छह साल का बच्चा, उसके आस-पास मँडरा रहा था। शायद वह सबसे छोटा होगा और उनके संबंध खासे रहे होंगे। बाहरी तौर पर ऐसा नहीं लगता था कि इशि उससे मिला होगा,

यदि मिला होगा तो वह इस कदर शांत नहीं होती।

दोपहर के आसपास सदाको बरामदे में स्वेटर बुनने की मशीन ले आयी, और बरामदे में बैठकर स्वेटर बुनने लगी। उसे सिर्फ मशीन की खड़खड़ाहट ही सुनाई पड़ रही थी।

एक बजे के आसपास पन्द्रह-सोलह साल का लड़का और तेरह-चौदह साल की लड़की स्कूल से लौटे। सदाको अंदर खाना पकाने के लिए चली गयी। लौटने के बाद उसने एक घंटे से भी ज्यादा मशीन पर काम किया। थोड़ी देर बाद वह पत्रिका के पन्ने उलटती-पुलटती रही। शायद किसी स्वेटर का नमूना खोज रही थी। उसके बाद वह घर में घुस गयी और चार से पहले नहीं लौटी। शायद शाम के खाने के लिए साग-सब्जी खरीदने के लिए वह बाजार की ओर गयी। पोशाक को देखकर वह अपनी उमर से बड़ी और चेहरा रौनक से बहुत दूर था।

करीब चालीस मिनट बाद जब खरीददारी के बाद लौटी तो उसके एक हाथ में टोकरी और दूसरे हाथ में साके की बोतल थी। संभवतः उसका पति पीने का शौकीन था।

छह के आसपास लंबा और दुबला-पतला पति घर में दाखिल हुआ। चलते समय नीचे की ओर देखने की आदत। जितना भी देख सका, उसके चेहरे पर झुर्रियाँ ही झूर्रियाँ।

उन दोनों की उमर में एक प्रकार का फर्क कुछ ज्यादा ही था। तीन बच्चों के बाप की उमर पन्चास के आसपास होगी। इस जवान औरत ने इससे क्यों शादी की होगी। कहीं उसके अतीत ने तो इस तरह की शादी करने के लिए तो मजबूर नहीं किया होगा? जासूस के दिमाग में इस तरह का हुजूम!

जब परिचारिका उसके लिए रात का खाना लेकर आयी, तो कुछ सुनायी पड़ा। मैं भी दिन-भर खिड़की से उसे देखती रही।

'शर्म की बात है, सड़क के पार उस औरत पर से तुम्हारी निगाह हटी ही नहीं।'

वह हँसी।

'वह एक अच्छी पत्नी है। योकोकवा की तुलना में बहुत ज्यादा।'

'उससे बीस बरस बड़ा है। सारा पैसा दबा कर रखता है। बैंक जाने से पहले उसे हर सुबह सौ येन देता है। हर शाम साके पीता है और अपनी पत्नी को एक बार भी सिनेमा देखने के लिए नहीं भेजती।'

'उनका वैवाहिक जीवन सुखी नहीं होगा।'

'वह इतने अच्छे स्वभाव की है, कि कभी झगड़ा ही नहीं करती और वास्तव में ही अपने सौतेले बच्चों से प्यार करती है। इस तरह की औरत देखने में नहीं मिलेगी।'

अगली सुबह 8-30 पर जब वह बैंक जाने लगा, तो यूकि ने देखा कसी बुनी हुई भौंहें, गहरी झुर्रियों वाला आदमी टेढ़ा ही हो सकता है।

सदाको थोड़ी देर के लिए गेट पर आयी, शायद पति को विदा करने के लिए। भोर की किरणों ने उसके चेहरे को सफेद कर दिया। उसकी ही कल्पना थी, कि वह थकी-थकी लग रही थी। इस औरत की जिंदगी में इशि का क्या स्थान? दो बच्चे स्कूल जा चुके थे।

वह घर साफ करने लगी। कमरा, बरामदा, बगीचा और भी बहुत कुछ। उसे पूरे दो घंटे लग गये। शायद उसके कंजूस पति को सफाई पसंद होगी। इतने पर भी वहाँ एक सुखी घर का जैसा कोई भी घर हो सकता था।

दस के करीब डाकिया आया, दो-तीन चिट्ठियाँ लेटर-बॉक्स में डाली। क्या इनमें से कोई एक उस घर की शांति तबाह करने वाली हो सकती है?

इशि इस औरत से किस तरह संबंध स्थापित करेगा? पत्र, तार या हरकारे द्वारा? घर में फोन नहीं था। क्या वह पास के किसी फोन पर उसे बुला सकता था? या वह खुद आकर मिल सकता था?

सदाको ने डाक देखी, और कपड़े सुखाने लगी। शायद इसमें इशि का कोई समाचार नहीं होगा।

बुनाई, स्कूल से लौटे बच्चों के लिए खाना, रात के भोजन के लिए खरीदारी, हमेशा की तरह लंबे पति की वापसी।

सूर्य अस्ताचल की ओर जा रहा था। नारंगी रंग की किरणें शोजी पर चमक रही थीं। यूकि पड़ोस का रेडियो सुनने लगा था, वही अकेलेपन का एकमात्र साथी। यात्रियों को यह अकेलापन कुछ ज्यादा ही खलता है।

नौ बजे के करीब सदाको ने दरवाजा बंद किया। यह भी उसकी ड्यूटी में शामिल था। घर में अँधेरा छा गया। बिना किसी घटना के वह दिन भी खत्म हो गया।

अगले दिन 8-20 पर योकोकवा ने दफ्तर जाने के बाद सदाको ने सफाई शुरू कर दी। डाकिया बिना चिट्ठी डाले गुजर गया। बच्चों की वापसी सदाको की खरीदारी और पति की वापसी। एक और दिन बीत गया।

शायद यूकि गलत था, इस तरह वह अपने ही खयालों में डूब गया। क्या एक आदमी अब उस औरत से प्यार करता है जिसे वह तीन साल पहले करता था। शायद वे सही थे।

पर इशि मरने का पक्का इरादा रखता था, उसकी जिंदगी में

दूसरी कोई औरत ही नहीं थी। वह खुद से ही कहने लगा। उस आदमी को पैसे की जरूरत है। डकैती में हासिल किये गये पैसे तो उसके साथियों ने हड़प लिए होंगे। वह सदाको से मिलने की कोशिश जरूर करेगा। यदि वह उसे अब भी सपनों में देखता है तो कोई-न-कोई बात जहन में जरूर होगी। वह उस औरत के प्यार की गरमी महसूस करना चाहता होगा, चाहे एक पल के लिए ही क्यों न हो। यह भी हो सकता है कि उसे गलत समझ लिया जाए। वह इस तरह के खयालों से खेल रहा था, कि सदाको से अकेले में बात करे। पर इस तरह के केस में कोई भी औरत सहायता नहीं करेगी।

पाँचवाँ दिन भी इसी तरह गुजर गया, और जासूस अँधेरे में हाथ टटोलता रहा। खैर!

उस दिन सुहावना मौसम था और सूरज घास-फूसों वाली छतों वाले घरों से सटी गलियों पर चमक रहा था। इलाका सोया-सोया-सा। यूकि ने खिड़की से देखा कि कुछ लोग गप-शप कर रहे हैं। डाकघर में काम करने वाला आदमी पोस्ट-ऑफिस का प्रीमियम घर-घर जाकर इकट्ठा कर रहा था। थोड़ी देर बाद एक सूट पहने, ब्रीफकेस पकड़े आदमी घर-घर जाकर कुछ बेच रहा था। उसने योकोकवा का दरवाजा भी खटखटाया। वह ज्यादा देर नहीं रुका, क्योंकि सौ येन रोज का पाने वाली सदाको खरीद ही क्या सकती थी।

उसने नोटिस किया कि तीन लड़के कुछ क्षेत्रीय भाषा में जोर-जोर से बात कर रहे थे। वह केवल इतना ही पकडा सका कि कोई 20 मिनट के बाद इधर से जाएगा। उसकी पलकें भारी हो आयीं।

इतने में सदाको बाहर निकली, उसने हमेशा से अलग-थलग स्कर्ट, ब्लाउज पहना था। 10,50 का वक्त! शायद बाजार जाने का वक्त अभी नहीं हुआ। तो वह कहाँ जा रही होगी?

हो न हो वह इशि होगा। उसकी आँखें चमक उठीं। इन्न में एक दिन का किराया एडवांस देकर वह जल्दी-जल्दी सीढ़ियाँ उतरा। जब तक वह गली में आया, तब तक सदाको आँख से ओझल हो चुकी थी। उसका विश्वास डगमगा उठा था।

वह गलती पर था। वहाँ तिराहा था। दायीं तरफ उसे बाजार नजर आया। निसंकोच उसने वही रास्ता चुना। छोटी-छोटी दुकानों वाली सँकरी गलियाँ।

उसने किसी से स्टेशन का रास्ता पूछा। वहाँ पहुँचते ही पहला काम उसने यह किया कि टाइम-टेबल पर नजर दौड़ायी, 11-20 था। रेलगाड़ी को छूटे एक घंटा हो चुका था। राहत की साँस ली। धीरे-धीरे स्टेशन के आस-पास घूमने लगा। वेटिंगरूम व आसपास कहीं भी सदाको का नामोनिशान नहीं था। सिर्फ दो-चार बच्चे खेल रहे थे। अगली गाड़ी घंटे भर बाद छूटने वाली थी।

वह स्टेशन के सामने चौराहे पर आया। वहाँ भी बस टर्मिनल था, जहाँ लाल धारी वाली सफेद बसें लाईन में थीं। यह मुझे पहले क्यों नहीं सूझा? टिकटघर के पास तीन-चार कंडक्टरों से कार्ड दिखाते उसने पूछ-ताछ की, अभी-अभी छूटने वाली बस कहाँ तक जाएगी।

'शिरासाकि' शायद वह कंडक्टर का सुपरवाइजर था।

'क्या कुरता पहने कोई औरत इस बस पर सवार हुई है।'

ठीक-ठीक कोई नहीं बता सका।

'हाँ!' एक वूमन कंडक्टर ने कहा, 'उसके साथ एक आदमी भी था।'

'शायद उसने गहरे नीले रंग का सूट भी पहना हुआ था।'

'हाँ!' और उसके हाथ में एक ब्रीफकेस था।

'तुम शायद यह तो नहीं जानतीं कि वे कहाँ तक जाने वाले थे?'

'न' की मुद्रा में सिर हिला।

'बस कितने बजे तक आखिरी स्टॉप पर पहुँचती है?'

'12-45'

बारह बजने में पांच मिनट बाकी थे। उसने एक टैक्सी की, शायद वह बस से पहले ही शिरासाकि पहुँच जाएगा। चौड़ी सड़क सटे-सटे चावलों के खेत। दूर से पहाड़ भी दिखायी पड़ रहे थे।

कई गाँवों को पीछे छोड़ती बस शिरासाकि पहुँची, तो यूकि ने बस खाली हो जाने पर, ड्राइवर से पूछा।

'क्या तुमने नीले रंग का सूट पहने 30 वर्षीय आदमी और सफेद कुरते वाली अट्ठाईस वर्षीय जोड़े को देखा है?'

'शायद नहीं।'

'कुसाकारी में, पाँच स्टॉप पीछे। उस स्थान के हॉट स्प्रिंग की तरफ।' उसने सोचा और डाकघर से फोन पर पुलिस की सहायता माँगी।

सड़क धीरे-धीरे पहाड़ की ओर चढ़ रही थी। यह जानकर ही कि वे किस दिशा की ओर गये हैं। उसका मन हलका हो गया था। उसकी घड़ी में डेढ़ बजा था।

जैसे ही वह पहाड़ के पास पहुँचा उसने देखा कि मैदान का धान काटा जा चुका है। और पास ही 'कवाकिता हॉट-स्प्रिंग' का बोर्ड टँगा है। उसके साथ ही तीन 'इन्न' का नाम हिश्यूया, चूउनकान तथा मात्सु उए। उन तीनों ने कौन-सी जगह चुनी होगी।

नीचे की ओर जाने वाली सड़क पर रुक कर वह कुछ सोच ही में था कि उसे फायर की आवाज सुनायी पड़ी। वह दूसरे शॉट की इंतजार में था, लेकिन....पक्षियों की फड़फड़ाहट के सिवा और कुछ नहीं था। इशि ने बंदूक कब खरीदी होगी? शायद लूट के पैसों से। उसने उस औरत को या खुद को निशाना बनाया?

सड़क छोड़कर यूकि पगडंडी की ओर बढ़ गया। इधर से ही आवाज होगी, यह तो वह जानता ही था। थोड़ी देर बाद उसे पगध्वनि सुनायी पड़ी। उसने झाड़ियों में छिपाना चाहा। इससे पहले कि वह खुद को छिपा सकता कि एक कुत्ता भौंकने लगा। राइफल कंधे पर लटकाये एक अधेड़ उम्र का शिकारी।

'माफ कीजिए।' उसने कुत्ते को धमकाया। राहत की साँस लेता यूकि।

'माफ कीजिए, क्या आपने किसी औरत मर्द को देखा है? मर्द के हाथ में ब्रीफकेस और उसने गहरे नीले रंग का सूट पहना है?'

उसने 'हाँ' की मुद्रा में सिर हिलाया। वे बगीचे के आसपास घूम रहे थे। वह जल्दी से बगीचे की दूसरी तरफ गया, मगर वे वहाँ भी नहीं थे।

एक के बाद एक कई विचार कौंधते चले गये। इशि सिर्फ अकेले ही नहीं मरना चाहता होगा। वह डबल सुएसाइट करना चाहता होगा। दूसरी दुनिया में जाते समय भी वह किसी खूबसूरत औरत का साथ चाहता होगा, और वह औरत सदाको ही हो सकती थी।

उस जगह के आसपास कुछ खेत और किसानों के घर थे। एक बूढ़ी औरत, जिसने पीठ पर बच्चा बांधा हुआ था, से पूछा।

'उस तरफ।'

शायद वे घने पेड़ों की तरफ गये होंगे। तीन ग्रामीण लड़के जलाने की लकड़ी लादे जा रहे थे।

'वे तालाब की तरफ गये हैं।'

और उसके पैर तालाब की ओर भागने लगे।

अंततः थोड़ी दूरी पर वे उसे दिख ही गये।

दोनों अधलेटे-अधझुके से। उसने मुख से मुख सटा

हँसता-मुसकराता नीला सूट पहने वह आदमी। एक-दूसरे की बाँहों में झूलते।

सदाको के भीतर छिपी औरत अब तक भी जिंदा थी। सभी जिम्मेदारियाँ और थ़कान से मुक्त, अपने से बीस वर्ष बड़े पति और सौतेले बच्चों से दूर प्रेमी की बाँहों में डूबी।

घास पर लेटे-लेटे यूकि ने स्वच्छ नीले आकाश की ओर देखा जिसमें कहीं-कहीं बादल के टुकड़े तैर रहे थे।

अब वे खड़े थे, इशि के सूट पर चिपके घास के, तिनकों को वह झाड़ रही थी। कंधे से उसके बाल ठीक कर रही थी। चलते समय वह एक हाथ में ब्रीफकेस दूसरे में इशि का हाथ और वह मस्ती में उससे सटी चल रही थी।

वह एकदम अलग-अलग थकान का नामोनिशान नहीं, जैसे नयी जिंदगी भर गयी हो। लेकिन वह उन दोनों की ओर नहीं जा सका।

कवाकिता हॉट-स्प्रिंग एक छोटी-सी पहाड़ी के आसपास था जिसके इर्द-गिर्द एक जापानी इन्न थी।

अब वह सड़क पर खड़ा था। एक पुरानी जीप में सवार आधा दर्जन जासूस।

'हमारा शिकार कहाँ है?' उनमें से सबसे बड़े ने अपनी बड़ी-बड़ी आँखें घुमाते हुए कहा, 'उधर गये हैं। इन्न में। तुम यूकि जासूस हो, ऐसा लिखा था।'

'मात्सुउरकान।'

'क्या हम अभी उसे गिरफ्तार कर सकते हैं।'

'इस वक्त वह अकेला नहीं रहा होगा, एक औरत उसके साथ है।'

'छोड़ दे उसे।'

'उसका इस केस से कोई सम्बन्ध नहीं है, वह उसकी बीवी भी नहीं है। यह सब तुम मुझ पर छोड़ दो।'

कुछ न समझ सकने से वे चुप्पी लगा गये।

उन्होंने अपनी-अपनी जगह तय कर ली, दो आगे और दो पीछे की ओर। यूकि और दो जासूस अन्दर गये। बड़ी-बड़ी आँखें वाले जासूस ने डेस्क पर बैठे आदमी के कान में कुछ कहा और वह चौंक कर खड़ा हो गया। मेड सर्वेंट भी कुछ अनहोनी सूँघकर चौकन्नी हो गयी।

'वह नहा रहा है।'

'औरत-औरतों वाले बाथ में है।'

उसने बिना खोले ब्राउन ब्रीफकेस जासूस की तरफ बढ़ाया, नीले रंग के सूट की तलाशी ली, सामान को रूमाल में लपेटा। वहाँ कोई हथियार नहीं था।

सजे-सँवरे बरामदे की ओर बढ़ा। दूसरी दिशा में तीस वर्षीय आदमी दिखायी दिया। यूकि ने उसकी पीठ को पकड़ दीवार से सटा दिया, और अपने साथ चलने को कहा।

'इशि क्यूइचि, यही ठीक रहेगा।' उसने कोई प्रतिवाद नहीं किया। सिर्फ समर्पण की मुद्रा में सिर झुका लिया।

'तुम्हारी गिरफ्तारी का वारंट।'

'मैं जानता हूँ।'

'अच्छा तो चला जाए।'

यूकि ने उन आदमियों से इशि को ले जाने के लिए कहा।

यूकि अकेला उस कमरे में रह गया। 4-50 सदाको के लंबे पतले झुर्रियों वाले पति के दफ्तर से लौटने में अभी एक घंटा बाकी था।

स्लाइडिंग दरवाजा खुला और सदाको बाहर आयी, अजनबी

को देखकर उसने सोचा कि वह शायद किसी गलत कमरे में घुस आयी है।

'मैडम!' यूकि बोला। जब उसने अपना नेम कार्ड दिखाया तो उसके चेहरे की रंगत ही बदल गयी।

'इशि को हम लोग पुलिस स्टेशन ले जा रहे हैं। घर जाने के लिए तुम बस क्यों नहीं पकड़ लेतीं? यदि तुम तुरन्त चली जाओगी तो अपने पति के घर लौटने से पहले ही पहुँच जाओगी।'

कुछ भी बोल पाने में असमर्थ सदाको सिर्फ ऊँचे-ऊँचे साँस ले रही थी।

उसे कपड़े बदलने में थोड़ा वक्त लगे। यूकि के दिमाग़ में विचारों का एक जबर्दस्त रेला।

चंद घंटों में ही उसने अपना पूरा जीवन जी लिया है। आज रात वह अपने बूढ़े पति और तीन बच्चों के पास पहुँच जाएगी। और कल वह मशीन पर बैठ जाएगी, बिना कोई भाव अपने चहरे पर लाए, शांत और निर्लिप्त।

योशियूकि जुननोत्सिके

योशियूकि जुननोत्सुके

योशियूकि जुननोत्सुके का जन्म 1924 में हुआ। लेखन की विरासत इन्हें अपने पिता से मिली। एक बहिन रंगमंच की अभिनेत्री और दूसरी कवयित्री। तोक्यो विश्वविद्यालय में अध्ययन करते समय एक पत्रिका में काम करना शुरू किया और इसके साथ ही लेखन-जीवन का आरंभ। इन्हें 1954 में आकुतागवा पुरस्कार मिला। इनका लेखन युद्ध-पूर्व लेखन के सौन्दर्य-बोध से भिन्न है। ये दुनिया को नैतिक मूल्यों से न परख कर सौन्दर्य-परक मूल्यों से परखते हैं। 'शोकुताकुनो कोकेई' में विश्वव्यापी निर्धनता का व्यापक धरातल पर चित्रण किया गया है। और यह निर्धनता युद्ध का भयंकर परिणाम थी।

मेज के इर्द-गिर्द
(शोकुताकु नो कोकेइ)

मैं खाने-पीने के बारे में बात करना चाहूँगा। इसका मतलब यह नहीं कि मैं चटोरा हूँ।

एक बार जब मैंने पास के मदिरालय में बैठकर, साके के साथ कुमुद के पकवान का आर्डर दिया तो मेरे मित्र ने इस पर आपत्ति की। मुझे इसमें आपत्तिजनक बात दिखायी नहीं दी। मेरे बार-बार पूछने पर उसने कहा कि इस तरह की गंध-रहित और हलकी-फुलकी चीज का आर्डर देने में केवल दिखावा ही है। पर यह तो मेरी पसंद की चीज है और खासकर साके के साथ।

'तुम्हारी नापसंदगी से मुझे कोई एतराज नहीं है लेकिन दूसरों की पसंद में मीन-मेख निकालने का भी कोई फायदा नहीं होता।'

'मुझे याद है कि जब तुमने इचिकवा स्टेशन पर उबले चावलों का आर्डर दिया था और एक गस्सा खाने पर भी चिल्ला उठे कि 'क्या यह स्वादिष्ट है?'

वे चावल वास्तव में ही स्वादिष्ट थे। जब एस. और मैं टी. की पत्नी को देखने के लिए मेण्टल हॉस्पिटल गये थे। और टी. ने उस गंदी-मैली इमारत को देखा था। एक दुबला-पतला तांतिया आदमी उस इमारत से निकला और तालाब के किनारे बड़ा हो गया, जहाँ सुनहरी मछलियाँ तैर रही थीं।

वह रोगी जैसा दीख रहा था।

अचानक ही वह आदमी चिल्ला उठा।

'नहीं, नहीं।' बिना हमारी तरफ ध्यान दिए, एक क्षण के बाद वह फिर चिल्ला उठा, 'एक और सुनहरी मछली मर गयी।' पानी की सतह पर सफेद पेट वाली एक बड़ी सुनहरी मछली तैर रही थी।

उसकी आवाज में मुझे अपनी तकलीफदेह कहानी भरती हुई दिखायी दी। तब मैं इससे पहले इतना निराश कभी नहीं हुआ था।

जब हमने टी. से विदा ली तो बस में बैठे हुए महसूस किया कि मेरा अवसाद केवल ऊपरी सतह पर ही है। उत्तेजना से मुझे भूख लग आयी थी। तब मैं एस. को साथ लेकर चीनी खाने की दुकान में गया, वहाँ सस्ता केवल चावल ही था, तेल में भुना और सोया की चटनी के साथ।

विश्वास करिये, उस समय वे चावल भी परिष्कृत लगे थे। इसका यह मतलब नहीं है कि कोई भी फ्राईड राइस जैसी चीज मुझे संतुष्ट कर देती है।

एक रात को मैं कुछ लोगों के साथ चीनी रेस्टोरां मेज़ के इर्द-गिर्द बैठा हुआ था। यह कहा जाता है कि तोक्यो में चीनी भोजन संसार भर में सबसे बढ़िया बनाया जाता है। वहाँ के बेहतरीन खाना बनाने वाले, जो अपने देश में भी अपने इस बेहतरीन कला का प्रदर्शन नहीं कर सकते। उस रेस्टोरां में वह खास रसोइया काम करता था। यहाँ आभिजात्य वर्ग के लोग आया करते थे और इसी ढंग से दाम भी ऊँचे थे। किसी भी स्टेशन के पास वाली दुकान का भोजन यहाँ देखने को भी नहीं मिलता था।

मैं शार्कफिन सूप बड़े मन से खा-पी रहा था। पास की मेज़ पर बैठे विश्वविद्यालय के छात्र ने मेरा ध्यान अपनी तरफ खींचा। उसने बिना टोपी की स्कूल यूनिफार्म पहनी थी। जाहिर था कि वह किसी

अमीर बाप का बेटा नहीं था।

'यही तो मुश्किल है।' मैंने सोचा। मुझे भी बीस बरस पहले की घटना साफ-साफ याद आ गयी, जब मैं भी इसी तरह का एक छात्र था।

उसकी गतिविधियों को अच्छी तरह देखा जा सकता था। उसने कुछ प्रभावशाली ढंग से मेन्यू खोला। उसकी उँगलियाँ पन्ने उलटती चली गयीं। ऊँचे दामों ने यह बता दिया था कि उसकी हैसियत क्या है? उसने उसी पन्ने से शुरुआत की, जिसने कभी मुझे आकर्षित किया था।

यदि मैं उसकी जगह पर होता तो क्या करता? शायद दरवाज़े की ओर बढ़ जाता। 'क्षमा कीजिए, मैं यहाँ गलती से आ गया।'

पर उसने इस तरह का कुछ नहीं किया शायद कुछ पन्ने उलटने के बाद हैसियत के अनुसार नूडल्स ही खा पाएगा।

उसने मेन्यू बंद कर सफेद मेजपोश पर रख दिया।

'तुम मूर्ख हो', मैंने सोचा, उस समय मैं उत्तेजना की हालत में था।

उसने बेयरे को बुलाया।

'क्या तुम्हारे पास कुछ नूडल्स जैसा सस्ता खाना नहीं है?'

मैं उसके प्रभावशाली ढंग को देख रहा था। उसने मेन्यू खोलकर कुछ कहा। उसके इस तरीके ने शायद एक तरह की दोस्ती की गंध छोड़ दी।

मुझे लगा कि मुझे अपने खाने की तरफ ध्यान देना चाहिए।

नूडल्स खा चुकने के बाद ब्रीफकेस उठाकर वह नौजवान दरवाजे की ओर बढ़ा। दरवाजे के पास कैशियर का काउंटर था, जहाँ खूबसूरत लड़की बैठी थी। उसने सफेद कागज के दो परचे उसकी ओर बढ़ा दिये। युवक सिर हिलाकर अपनी जेब टटोलने

लगा। न जाने किसी खास वजह से, मैं अपनी निगाह उस तरफ से न हटा सका।

यादें....मैं उस जमाने में पत्रिका में काम करता था। तोक्यो से एक घंटे की दूरी पर, मैं उस शहर की ओर जा रहा था न जाने मुझे क्या सूझा कि मैं दूसरी दिशा की ओर चल पड़ा। काम खत्म करने के बाद मैं स्टेशंन के सामने वाली कॉफी की दुकान में कॉफी पीने के लिए गया। मैंने पेस्ट्री का आर्डर दिया। मैं उस दौर से गुजर रहा था जब किसी को भी शराब की लत लग जाती है। मैंने शायद सालों बाद पेस्ट्री का आर्डर दिया था। जैसे ही मैंने खाना खत्म किया एक जबर्दस्त शर्मनाक हालत में पहुँच गया। जितने का मैंने खाना खाया पाँच येन कम थे मेरे पास। और मैं इस अजनबी जगह पर पहली बार की कॉफी शॉप। मैंने कैशियर को पूरी हालत समझायी, वह चुपचाप मेरे चेहरे को पढ़ रही थी, और मुझे लगा कि मीठी पेस्ट्री खाने के बाद सब कुछ कड़वाहट में बदल गया है। और अब पंद्रह हर्ष बाद एक नौजवान काऊंटर के सामने खड़ा अपनी जेब टटोल रहा है।

इसी दौरान उसने कुछ छुट्टे जमा कराए और राहत से बाहर निकल गया। और लड़की ने पास खड़ी लड़की से आँखों ही आँखों में कुछ कह, राहत की साँस ली।

उसे इस तरह यहाँ आना ही नहीं चाहिए था। इस तरह का भाव उसके चेहरे पर आसानी से पढ़ा जा सकता था। मेरी प्रतिक्रिया भी कुछ इसी तरह की थी।

मुझे लगा कि उसने स्वाद से खाया भी या नहीं, स्वादिष्ट होने के बावजूद भी। मैंने इस बारे में जब-तब सोचा।

कोई भी किसी दूसरे के बारे में अंदाजा नहीं लगा सकता। शायद उसका मन वैसे काम न कर रहा हो, जिस तरह मैंने सोचा।

पर मजबूर हो गया था।

उदाहरण के लिए तुम किसी खूबसूरत औरत के साथ किसी रस्टोंरां में जाकर एक-दूसरे के आमने-सामने बैठ जाते हो। बीच के मेजपोश को देखकर तुम सोचते होंगे कि क्या ही अच्छा होता कि यहाँ न आये होते। अपनी जिंदगी में, मैं भी इसी तरह का कुछ सोचा करता था।

यह जाहिर है कि वह वयःसन्धि की उमर की थी।

खाने का तरीका भी एक प्रकार का खुलापन लिए है। मुझे यह हमेशा प्रभावित करता है। लेकिन किसी खूबसूरत लड़की के साथ बैठकर खाते समय मुँह खुले का खुला रह जाता है। और उस समय जब वह खाना इधर से उधर आता जाता है, पेट में जाने पर पीला-सा द्रव्य बन जाता है।

खाने-पीने का यह नंगापन यौन-संबंधों जैसा ही नंगापन है। किसी भी सुंदर किशोरी को बाँहों में भरने का मन करता है, खासकर उस समय जब वह सटी बैठी हो।

यह स्वाभाविक ही है कि खूबसूरती के साथ रेस्टोरां में जाने में डर ही लगता है।

मुझे शक है कि वह नूडल्स का स्वाद ले सका होगा।

मैं जब-तब उसे याद करता और मेरी कल्पना कभी-कभी पाँव फैला लेती है।

जब मैं अगली बार उस दुकान में गया, तो मैंने देखा कि पाँच-छह नौजवानों ने मेज़ के इर्द-गिर्द घेरा डाला है। वे सब पी रहे हैं, पाँच-छह बीयर की बोतलें कतार में रखी हैं। वहाँ एक चीनी नूडल्स वाला सफेद प्याला भी रखा है।

उनमें से एक वही छात्र है।

'हाँ, तो मैंने तुमसे कहा नहीं था कि ये बहुत स्वादिस्ट है। चीन

से आये खास रसोइये द्वारा पकाये गये।'

'थोड़े महँगे हैं।'

'यह स्थानीय नूडल्स स्टैंड नहीं है। जरा स्टैंडर्ड की दुकान है, जहाँ बिना किसी दाग-धब्बे वाला मेज़पोश बिछा हुआ है। कुछ समय पहले मैं यहाँ आया था।'

'अगली बार भी यहीं।'

'सहमत।'

उस दिन तो बातों का दौर फुसफुसाहट में बदल गया और वह नौजवान मेरे पास उठकर आ गया।

'पिछली बार तुम्हीं यहाँ थे न?'

'हाँ।'

'मुझे तुम्हारी आलोचनात्मक निगाह बिल्कुल पसंद नहीं है।'

'मैंने कोई मीन-मेख नहीं निकाला। सिर्फ़ देख रहा हूँ।'

'जिस तरह से तुम लोगों को देखते हो, वह भी मुझे पसंद नहीं है।'

'तो तुमने उन नूडल्स का स्वाद पिछली बार लिया था।'

'नहीं, उनमें स्वाद नहीं था।'

'और आज।'

'तुम मुझे पकड़ना चाहते हो।'

'नहीं, ऐसा तो नहीं।'

उसकी आँखें लाल हो गयी थीं, सिर्फ शराब पीने से नहीं। 'हम लोग इस जगह को बम से उड़ा देंगे, जहाँ आदमी आराम से बैठकर खा नहीं सकता।'

'इस जगह पर बमबारी का कोई अर्थ नहीं है।'

'तुम जवान हो लेकिन खुद को पढ़ने में असमर्थ।'

'क्या?'

उसकी आँखें और भी खूँखार हो गयीं। अपनी मेज पर जाकर उसने बीयर की बोतल उठाकर मेरी तरफ फेंकने की कोशिश की।

'यह क्या कर रहे हो? मैं तो खुद तुम्हारी तरह हूँ' जैसे मैं उसकी बांह पकड़कर कह रहा होऊँ, 'तुममें अपने दुश्मन को पहचानने की तमीज नहीं है।'

आकुतागवा रयूनोत्सुके

आकुतागवा रयूनोत्सुके

आकुतागवा एक ऐसे कलाकार हैं जो विश्वास करते हैं कि मनुष्य की जीवन-शक्ति उसके भाग्य या परिस्थितियों पर हमेशा हावी रहती है।

यथार्थ और इतिहास को इनकी कहानियों से अलग नहीं किया जा सकता। जापानी कला, दर्शन, धर्म और साहित्य में एक बारीक समझ हमेशा जीवित रहती है। मानव-मन की यह समझ कुछ मूल्यों व आदिम प्रवृत्तियों को साथ लेकर आकुतागवा साहित्य की यात्रा करती है। 'नर्क पट' कहानी एक ऐसे मोड़ पर जाकर खत्म होती है जहाँ जापानी मन अपनों के दुर्दिनों से दूर नहीं जाना चाहता। इसी तरह 'मुट्ठी भर मिट्टी' में मानव की आदिम इच्छा हर तरह के मूल्यों को नकार कर मनुष्य को पाशविक बना देती है। कभी-कभी ऐसे लगता है कि कोई भूत हमारे कंधों पर सवार होकर उनकी कहानियों को हमारे साथ-साथ पढ़ता है।

35 तक पहुँचते-ही-पहुँचते यह कलाकार 100 से भी ज्यादा कहानियाँ लिख चुका था, जो बेहद चर्चा का विषय बनीं।

बुद्धिमान, योग्य और संवेदनशील लेखक कुछ समय अध्ययन करने के बाद पत्रकारिता की ओर मुड़ा। उसके स्वभाव ने ही इसे विश्व की बारीकियाँ खोजने पर बाध्य किया। शायद इस लेखक के कथा-साहित्य को पढ़ने के बाद एक बहुत बड़ा पाठक-वर्ग यह

समझ जाएगा कि सफलता की ऊँचाई पर चढ़कर उसने आत्महत्या ही क्यों की।

शायद आत्महत्या लोकप्रिय साहित्यकारों की नियति है, क्योंकि अंतर्मुखी होने के कारण अपना सुख-दुःख निहायत निजी धरातल पर रखा जाता है।

मुट्ठी भर मिट्टी

(इक्काई नो-त्सुचि)

चाय-पत्ती बीनने का मौसम था और ओजुमि अपने बेटे नितारो (जो पिछले आठ वर्षों से विकलांग था) की मौत से बेहद दुखी थी। इस प्रौढ़ा विधवा के दुख में किसी तरह की मिलावट नहीं थी, जिसके बारे में लोग कहा करते थे कि इसकी आत्मा मृत्यु के बाद दुआ की दुनिया में ही साँस लेती है।

नितारो की अन्त्येष्टि के बाद यह सवाल उठा कि उसकी पत्नी ओतानि और उसके छोटे बच्चे का क्या किया जाए। पति के बिस्तर से लग जाने पर इस नौजवान विधवा ने अपने कंधे पर खेती-बाड़ी का बोझ उठा लिया था। यदि वह घर छोड़कर चली जाती है तो न केवल बच्चे के पालन-पोषण की, बल्कि रोजी-रोटी कमाने की भी गंभीर समस्या सामने आ खड़ी होती है। ओजुमि के मन में था कि 49 दिन के बाद वह उसकी दूसरी शादी, (बेटे के चचेरे भाई) योकिचि से कर देगी, और बहू इसी तरह खेती पर काम करती रहेगी।

'क्या तुमने इस बच्चे को और मुझे छोड़ने का पहले से ही निश्चय कर लिया है? यह मेरी गलती ही है कि मैंने तुम्हारे भविष्य के लिए अब तक नहीं सोचा', जब उसने बेटे की मौत के आठवें दिन बहू को कमरा सँभालते देखा, तो वह जरूरत से ज्यादा

विचलित हो उठी। पिछले कमरे से जुड़े बरामदे में साकुरा की टहनी से खेलते हुए बच्चे को ओजुमि निहार रही थी। यह छड़ी स्कूल के खेल के मैदान से लायी गयी थी।

'तुम किस तरह की बात कर रही हो?' ओतानि ने मुस्कराते हुए कहा।

राहत की साँस लेकर, 'क्या तुम हमें छोड़कर तो नहीं जा रहीं न?' वह बोला, उसके अपने ही शब्दों ने उसे भावुक बना दिया था, जब तक कि गालों पर आँसू आ गये।

'मैं तुम्हारे भले के लिए ही करूँगी, यदि तुम चाहो तो।'

जैसा कि उसे मालूम था उसकी आँखें भी भर आयीं। अपने बेटे को गोदी में उठाकर पुचकारते हुए कहा, 'मेरे पास यह बच्चा है। मुझे कभी भी कहीं ले जाने की जरूरत ही क्या है?'

और बच्चा पुरानी चटाई पर पड़ी साकुरा की टहनी की ओर आकर्षित हो रहा था।

ओतानि वैसे ही मेहनत करती रही जैसे वह अपने पति के जीवित रहते किया करती थी। पर उसके लिए शादी की समस्या का हल इतना आंसान नहीं था कि जितना समझा गया था। ओजुमि ने कई बार इस बारे में चर्चा छेड़ी, लेकिन ओतानि टालमटोल ही करती रही, शायद अगले वर्ष।

अगला वर्ष भी आ चुका लेकिन ओतानि ने खेतों पर काम करने के अलावा कोई दूसरी बात सोची ही नहीं। और उधर वह बूढ़ी औरत बहू के विवाह की दुआएं माँगती। कुछ तो आलोचना के डर से और कुछ पीठ में छुरा घोंपने वालों के डर से।

'बिना आदमी के कैसे रह सकती हो इस भरी जवानी में।' उसके स्वर में अनुरोध रहता।

‘क्या मैं किसी आदमी के बिना नहीं रह सकती? यदि तुम किसी अजनबी को घर ले आओ तो कैसे चलेगा? हिरो के लिए मुसीबतों का पहाड़, तुम पर बोझ, और मेरे लिए कभी न खत्म होने वाली मुसीबतें।’

‘तभी तो मैं तुमसे योकिचि के लिए कहती हूँ, उसने अब जुआ खेलना भी छोड़ दिया है।’

‘इसलिए कि तुम्हारा रिश्तेदार है? मेरे लिए तो वह अजनबी से ज्यादा कुछ नहीं है।’

‘पर तुम्हें वर्षों-वर्षों तक इंतजार करना पड़ेगा।’

‘यह तो मैं अपने बच्चे की खातिर करती हूँ, पूरा का पूरा खेत हमारे पास रहेगा।’

‘जो भी हो, लोग बातें करेंगे, जो कुछ भी तुमने अभी-अभी मुझसे कहा वह दूसरों से जाकर कह क्यों नहीं देतीं?’ दबी जबान की बात थी।

न जाने कितनी बार सवाल-जवाब हुए, पर हर बार बहू का निश्चय ज्यादा मजबूत होता गया। वास्तव में खुद-ब-खुद ही वह जी तोड़ मेहनत करती, आलू की बुआई से लेकर जौ की कटाई तक गाय-बछड़े की देखभाल से लेकर अपनी देखभाल तक! वास्तव में यही मेहनत ही उसके अस्तित्व का मूल था।

अंततः हारकर उस वृद्धा ने उसके लिए पति ढूंढ़ने का निश्चय त्याग दिया।

इस प्रकार ओतानि अपने ही हाथों परिवार का पालन-पोषण करती रही। चोटी के पसीने के पीछे शायद बच्चे के प्रति लगाव ही कारण रहा होगा। दूसरा कारण उत्तराधिकार में मिली गहरे लगाव की भावना।

'तुम्हारी ओतांनि बहुत साहसी है।' आसपास की औरतें कहतीं, 'उस दिन' हमने उसे धान के भारी-भरकम गट्ठर सिर पर लादे देखा।

और उधर ओसुमि भी कृतज्ञता के तौर पर बच्चे की देखभाल, कपड़े की धुलाई, खाना पकाना, पड़ोस से पानी भरना, गायों की देखभाल आदि काम किया करती। और उसे इस प्रकार घर की देखभाल करने में बेहद खुशी मिलती।

पतझड़ की एक रात होगी। ओतानि चीड़ के भारी भरकम बंडल उठाए मुश्किल से घर पहुँची। ओजुमि उस समय बच्चे के साथ बैठकर आग ताप रही थी।

'तुम्हें ठंड लग रही होगी, आज देर से लौटी हो।'

'आज मैंने ज़रा कुछ ज्यादा काम किया है।, बंडल पटकने के बाद वह धूल भरी घास-फूस की चप्पल पहने-पहने ही जलती हुई आग के निकट बैठ गयी जहाँ बलूत का ठूँठ खूशनुमा लपट निकाल रहा था।

'पहले नहा लो।'

'मुझे बहुत भूख लगी है, मैं पहले शकरकंद खाऊँगी, तुमने कुछ उबाल रखा होगा।'

उबली शकरकंद का बर्तन लाती हुई वह बोली, 'बहुत देर तक तुम्हारा इंतजार करती रही, अब ठंडी हो गयी हैं।'

उन्होंने उसे आग में भूना और झटपट निगलने लगी।

खाते-निगलते समय ओतानि की मुख-मुद्रा ऐसी लग रही थी जैसी दिन भर की जी-तोड़ मेहनत के बाद थके-माँदे किसान की शाम को घर लौट कर हुआ करती है।

'जिस तरह तुम दिन-रात खटती हो, इस तरह की भूख तो दिन में दो बार लगनी चाहिए।' वृद्धा ने प्रशंसा के भाव से देखा और बई सिर्फ खाना खाती रही।

इस तरह ओतानि आदमियों से भी ज्यादा मेहनत करती रही और इस मेहनत में उसने खुद को माफ नहीं किया। कभी वह रात-रात भर जाग कर लालटेन की रोशनी में पौधों की कटाई-छँटाई करती। ओसुमि के मन में बई के प्रति आदर का भाव था, या यूँ कहिए विस्मय-भय का भाव था। मैदान और पहाड़ के श्रम के अलावा वह अपनी सास पर पूरी तरह निर्भर थी और ओसुमि शिकायत की एक भी साँस लिए बगैर देखभाल करती।

'क्या ही इच्छा हो कि यदि हम रेशम के कीड़े पालना भी शुरू कर दें।'

'तुम जानती ही हो कि सिवाय इस रोते हुए बच्चे के, हमारे साथ कोई भी पुरुष नहीं है। जरा मेरा भी तो सोचो। तुमसे प्रार्थना करती हूँ।'

सास के चेहरे पर साफ-साफ इनकारी देख कर उसने कहा, 'चलो, मैं शहतूत के पेड़ लगाकर ही काम चला सकती हूँ। खेतों में तो सिर्फ मुझे ही काम करना है।'

इस बात के बाद ओसुमि ने लड़का गोद लेने की सोची। कारण साफ था, घर के थका देने वाले कामों से वह मुक्ति पाना चाहती थी। यह उस समय की बात है जब संतरों के पेड़ फ़लों से लद चुके थे। जलते हुए दिये के पास बैठ ओसुमि के चश्मे में से ओतानि से कहा, 'तुम्हारे पति के बारे में मुझे कुछ नहीं कहना है।'

ओतानि टाँग पर टाँग धरे यूँ ही बैठी रही।

'और इस बार मुझे तुमसे 'न' नहीं सुनना है। कल मियाशिता परिवार की अन्त्येष्टि के अवसर पर हम लोगों की ड्यूटी कब्र खोदने की है। इस तरह के कामों के लिए हमारे पास एक आदमी होता तो कैसा रहता।'

'चिन्ता मत करो, मैं खुदाई कर लूँगी।'

‘बिल्कुल नहीं, तुम एक औरत हो और यह तुम्हारा काम नहीं है।’

‘तुम अब अवकाश करना चाहती हो है न?’

‘ओह नहीं, भला मैं क्यों...?’

‘तुम्हें याद है कि हिरो के पिता की मृत्यु पर क्या कहा था? अपनी जमीन को बाँटना पूर्वजों का अपमान करना होगा।’

‘हाँ। पर वस्तुस्थिति जैसी भी है उसे स्वीकार कर लेना चाहिए।’

‘जिस स्थिति में, मैं जी रही हूँ, क्या मैं जिम्मेदारियों से पीछे हट सकती हूँ? शायद नहीं। क्या मैं किसी शौक प्रदर्शन या गर्व के लिए विधवा बनकर जी रही हूँ? दिन भर खटने के बाद जब रात को मेरे टखने दुखते हैं तो मैं ही जानती हूँ। यह तो मैं अपने परिवार और हिरो के लिए कर रही हूँ।’

इससे एक बात साफ उभर आयी, वह यह कि जब तक वह जीवित हैं। इस भार से छुटकारा नहीं है।

‘पर ओतानि! जिंदगी सिर्फ तर्कों के सहारे नहीं चला करती। अब इस बारे में मैं कुछ और नहीं कहूँगी।’

बीस मिनट बाद छोकरों का झुंड़ गाते हुए निकल गया।

‘आज युवा पत्नी अपना काम खत्म कर चुकी है।’

नीचे झुकी घास।

‘ओ दराँती, तेज हो जाओ।’

तब ओसुमि ने उसके चेहरे पर फिर से देखा। ओतानि लैंप के दूसरी तरफ टाँगें फैलाये बैठी थी।

‘अब मैं सोऊँगी, मुझे बहुत सवेरे उठना पड़ता है।’ और वह उबासियाँ लेती उठ खड़ी हुई।

वृद्धा अपने उस कष्ट को भीतर ही भीतर पीती रही, बाहर

वालों के लिए वह अब भी वैसी ही खुशनुमा थी जैसे वह रहा करती थी, घर की देखभाल करती हुई। पर करारी हार की मार उसे जब-तब मथा करती, क्योंकि उसे घुटने की आदत थी। यह सब वह अपने पोते हिरो के लिए करती, वह माँ से भी ज्यादा दादी से जुड़ा हुआ था।

वास्तव में बाहर वालों के लिए वह वृद्धा बिल्कुल नहीं बदली थी। यदि कहीं बदलाव था भी तो सिर्फ इतना कि वह पहले की तरह अपनी पुत्रवधू की प्रशंसा नहीं करती थी।

भरी गर्मी वाली दुपहरी। सूरज की तीखी किरणें सीधे जमीन को छू रही थीं। अंगूर की बेल की छाया तले ओसुमि पड़ोस की बूढ़ी औरत से बात कर रही थी। और उस औरत ने ध्यान से अपने बेटे के सिगरेट के टुकड़े इकट्ठे कर लिए थे।

'वह इतनी जवान है और बिना किसी शिकायत के पूरा काम करती है।'

'घर का काम औरतों के लिए सबसे बढ़िया है।'

'खेती-बाड़ी से बढ़कर दूसरा कोई मनोरंजन नहीं है। मेरे बेटे की पत्नी पिछले सात वर्षों से एक बार भी खेत में नहीं गयी। वह या तो बच्चों के कपड़े धोती है और या सजती-सँवरती है।'

'बच्चों को साफ-सुथरा रखना, खुद को सजाना भी जिंदगी का एक अलंकरण है।'

'पर आजकल के नौजवान खेतों में काम करना पसंद नहीं करते।'

दोनों वृद्धाएँ इसी तरह की दोस्ती पूर्ण बातें किया करतीं।

पिछले आठ वर्षों से, जिनतारो की मृत्यु के बाद ओतानि परिवार को कोस रही थी। इस बीच गाँव व बाहर उसके नाम की चर्चा होने लगी थी। गाँव वालों की नजर में वह सिर्फ विधवा औरत

ही नहीं थी, बल्कि वह एक जीता-जागता उदाहरण था दूसरी युवतियों के लिए। उसने अपने दुःख को किसी के सामने भी प्रकट नहीं किया। इस तरह की चर्चा हर किसी के होठों पर रहा करती। जहाँ तक ओसुमि का सवाल था उसने अपने मन की बात किसी से नहीं की, उसका विश्वास चूर-चूर होने लगा था। उसकी एक मात्र आशा, उसका पोता था। उसने उसे अपने प्यार से नहला दिया था।

सुहावने पतझड़ की दुपहरी।

हिरो पुस्तकों को बगल में दबाये, उत्तेजित-सा स्कूल से लौटा। ओसुमि काकि के फलों को काटकर सुखा रही थी। उसने फुर्ती से सैल्यूट किया और कहा, 'दादी माँ! क्या मम्मी महान औरत है?'

'क्यों?' हाथ को जोड़ा आराम देती हुई बोली।

'क्योंकि नैतिक शिक्षा की क्लास में टीचर ने कहा कि वह गाँव की सभी औरतों से महान है?'

'ए-1 टीचर? कौन-सी?'

वह अपसेट हो गयी। इस टीचर की यह मजाल कि वह मेरे पोते को झटका देने वाली झूंठी-झूठी बात कहे? उसे अचानक गुस्से का दौरा पड़ा और ओतानि को बुरा-भला कह फटकारने लगी, जैसे कि वह पूरी तरह से बदल गयी हो।

'यह झूठ है, काला झूठ। तुम्हारी माँ सिर्फ बाहर काम करती है इसलिए वह दूसरों को महान लगती है और तुम्हारी दादी घर में खटती रहती है, वास्तव में ही वह चालाक है, सिरफिरी है।'

हिरो ने अपनी दादी के तमतमाते चेहरे को देखा, प्रतिक्रिया स्वरूप उसकी आँखें में आँसू आ गये थे।

'एक ही आस लेकर तुम्हारी दादी तुम्हारे साथ रही है। हमेशा

यह बात ध्यान में रखो। जल्दी से सत्रह बरस के हो जाओ और शादी कर लो ताकि तुम्हारी दादी चैन की साँस ले सके। पर तुम्हारी माँ कहती है कि सैनिक शिक्षा करने के बाद शादी करना। पर तब तक इतने लंबे समय के लिए मैं इंतजार कैसे कर सकती हूँ। समझे! दादी पर मेहरबानी करो और अपने पिता के हिस्से की भी जिम्मेवारी निभाओ।' ओसुमि उबल पड़ी।

'पक जाने पर ये काकि तुम मुझे दोगी?'

'हाँ हाँ। क्यों नहीं।' हिचकी लेकर हँसती हुई ओसुमि ने कहा, 'तुम मीसने हो, सब कुछ समझते हो, अब बदलना मत।'

छोटी-छोटी बातों पर वह ओतानि से उलझती रही। आलू गर्म क्यों हैं और शकरकंद ठंडा क्यों है आदि-आदि।

'यदि तुम काम करना नहीं चाहतीं तो तुम्हारे लिए मर जाना ही उपयुक्त होगा।- ओतानि ने गुस्से में कहा, वृद्धा असाधारण रूप से सठिया गयी थी।

'हिरो, उठो, गोदी में सोये उसे झकझोरते हुए बोली, 'उठ हिरो, उठ। सुन जरा तुम्हारी माँ क्या कहती है? मुझे मर जाने के लिए कहती है। सुनते हो, अच्छी तरह सुन लो! हाँ ओतानि, तुम्हारा दिया ही खाती हूँ न? मैं मर जाऊँगी, मरने से क्यों डरूँ? मुझे तुम्हारी धौंस नहीं सहनी। मैं हर तरह से मर जाऊंगी और मरने के बाद भूत बनकर तुझे डराऊँगी।'

इसी तरह के अपशब्द जोर-जोर से बोलकर ओसुमि प्रलाप करती रही, हिरो उसकी बाँहों पर सिर रख रोने लगा और ओतानि अँगीठी के पास बिना कुछ कहे-सुने सो गयी। पर ओसुमि नहीं मरी, जबकि भली चंगी ओतानि टाइफाइड बुखार से एक हफ्ते के बाद ही मर गयी।

तब गाँव भर में यह महामारी फैल गयी थी, बीमारी से एक दिन पहले उसने एक समाधि की खुदाई की थी और वह मृतक इसी बुखार का शिकार था।

ओतानि की अंत्येष्टि के दिन मूसलाधार वर्षा हुई थी। सभी गाँववासियों तथा महापौर ने अंतिम संस्कार में भाग लिया। सभी ने उसकी मृत्यु के लिए ओसुमि और हिरो के प्रति शोक प्रकट किया, क्योंकि वही तो रोटी कमाने का एकमात्र जरिया थी।

गाँव के प्रतिनिधि ने कहा कि हम ओतानि के विषय में विचार कर रहे हैं। ओसुमि सिर झुकाकर कृतज्ञता व्यक्त करने के सिवा कुछ और न कह सकी।

'बेहतर है कि तुम भी अपने दुर्भाग्य को स्वीकार कर लो जिस तरह हमने इस कष्ट को झेल लिया है।' हितैषी मित्र ने कहा।

अंतिम संस्कार की रात के बाद ओसुमि हिरो के साथ पिछले कमरे के कोने में पड़ी मच्छरदानी में सो रही थी, जहाँ बुद्ध का चबूतरा था। उस पर अब भी मोमबत्ती जल रही थी। ओतानि की मौत से ओसुमि को बेहद खुशी हुई थी, इसमें कोई शक की बात नहीं थी। क्योंकि अब उसे न तो घर का काम करने की जरूरत थी और न ही फ़टकारे जाने का भय।

अब उसके पास एक हजार डॉलर और तीन एकड़ जमीन थी। अब दादी-पोता मिलकर उबले हुए स्वादिष्ट चावल खा सकते हैं उबले जौ और चावल के भात की जगह पर। साथ में मछली भी। अपनी जिंदगी में कभी भी उसने इस तरह की राहत की साँस नहीं ली थी जैसे कि इस वक्त। इस तरह की राहत उसे नौ बरस पहले मिली थी जबकि उसके इकलौते बेटे की मौत हुई थी और अब बेटे की पत्नी की, जिसने उसे सिर्फ पोता दिया है।

उसने आँख खोलकर देखा कि उसका बेटा उसके साथ सो रहा

है उसका निहायत मासूम-सा चेहरा। फिर अचानक से उसे खयाल आया कि वह एक कमबख्त और कमीना प्राणी है। ओतानि और उसका पति जिन्होंने उसे सताया है वे दोनों भी दया करने योग्य हैं। माता-पिता और बच्चे दोनों पर ही तरस खाना चाहिए। सबसे ज्यादा तो ओसुमि पर तरस करना चाहिए।

'ओतानि! तुम क्यों मर गयीं।' वह बेहोशी की हालत में फुसफुसाने लगी। अचानक उसकी आँखें से आँसुओं की धारा बह निकली।

चार घंटे सुनने के बाद वह नींद से निढाल हो गयी और आसमान की पूर्वा उसका स्वागत करने आ गयी।

नाक

(हना)

इके-नो-ओ[1] शहर का शायद ही कोई ऐसा व्यक्ति होगा जिसने जेनचि नागू[2] की ऊपरी होंठ से ठुड्डी तक झूलती पाँच-छह इंच लंबी, ऊपर से लेकर नीचे तक एक-सी मोटी नाक के बारे में न सुना हो।

पचास वर्षों तक लगातार वह अपनी नाक की वजह से तब तक संतापित होता रहा जब तक कि वह उच्च पद पर प्रतिष्ठित न हो गया। दूसरों की दृष्टि में, वह यंत्रणा से बिल्कुल मुक्त बेलाग रहने की कोशिश करता। क्योंकि अपनी नाक के बारे में चिंतित होकर वह दूसरों की नजर में गिरना नहीं चाहता कि दैवीय प्रार्थनाओं में रत पुजारी की ऐसी अवस्था हो सकती है। ऊपरी सतह पर यह उसके लिए गौरव की बात होती कि हर रोज अपनी नाक के बारे में सुनने को मिल जाता।

खुद वास्तव में ही उसकी नाक एक असह्य पीड़ा थी। उसकी वजह से वह खाना तक नहीं खा सकता था। यदि वह कोशिश करता भी तो उसकी नाक का एक सिरा उबले चावलों के कटोरे में जा पहुँचता था। इसलिए खाना खाते समय उसे अपने शिष्यों को सामने बैठाना पड़ता था जो एक इंच चौड़ी और दो फुट लंबी आयताकार लकड़ी के टुकड़े से उसकी नाक के सिरे को पकड़ता था। नाक को पकड़े या पकड़वाये बगैर इस तरह का भोजन इतना

आसान नहीं था उस पुजारी के लिए।

एक बार एक अनुचर ने जो कि शिष्य होने का नाटक कर रहा था, खाना खिलाते समय उसकी नाक को कटोरे में गिर जाने दिया था और यह घटना तोक्यो भर में चर्चा का विषय बन गयी थी। यूँ तो उसकी लंबी नाक असुविधा का कारण तो थी ही, लेकिन उसकी प्रतिष्ठा पर जो धक्का लगा, वास्तव में ही वह असह्य था।

इके-नो-ओ के लोग यह कहा करते—वास्तव में ही वह भाग्यशाली है, क्योंकि वह अनपढ़ नहीं है। कोई भी महिला इस तरह के मर्द से शादी की बात सोच नहीं सकती जिसकी नाक इतनी लंबी है। बात यहाँ तक पहुँच जाती कि यदि उसकी नाक लंबी न होती तो शायद वह इस तरह के पवित्र पद को न स्वीकारता।

पर वह नहीं समझता था कि नाक ही प्रतिष्ठित पद के लिए उत्तरदायी है। और वह विवाह जैसे सांसारिक मोह-बंधन को महत्त्व भी नहीं देता था। उसकी प्रतिष्ठा पर जो धब्बा लग चुका था वह वास्तव में ही उसे धो लेना चाहता था।

उसने बहुतेरी कोशिश की कि लंबाई के अनुपात में उसकी नाक छोटी दिखायी दे। जब वह हर तरह से नाकामयाब हो गया वह शीशे में अपनी नाक को तरह-तरह के कोणों से देखकर खुद को सांत्वना देने की कोशिश करता, पर यह एक ऐसी समस्या थी कि जिसका समाधान मात्र दर्पण से नहीं हो सकता था। कभी-कभी ऐसा भी होता है कि जितना वह अपनी नाक पर ध्यान केंद्रित करता उतना ही उसे ज्यादा लंबी दिखायी देती। ऐसे अवसरों पर वह उदास और दुःखी मन से शीशे को बक्से में पटक देता और ठंडी साँस लेकर सूत्रों का उच्चारण कर दयादेवी का स्मरण करता।

वह ध्यान से दूसरे लोगों की नाक को देखा करता। उस नगर के मंदिर में पुजारियों और दर्शनार्थियों की भीड़ लगी रहती। वह

टुकुर-टुकुर एक-एक आदमी को देखता कि शायद इनमें से किसी एक की भी नाक उसकी नाक जैसी दिख जाए। आभिजात्य का आकर्षक परिधान पुजारियों का भिक्षु-रूप कुछ भी तो उसकी दृष्टि को न बाँध सकता। उसकी निगाह नाक को छोड़कर और कहीं टिकती ही नहीं थी। इस तरह की असफलता ने उसे निराश और उदास बना दिया।

दूसरों से बातचीत करते समय अनजाने में ही वह अपनी झूलती नाक को छूकर शर्म से गढ़ जाता। राहत के लिए भयावह कोशिशों के बावजूद भी जब उसे कुछ न मिल सका तो उसने बौद्ध ग्रंथों की पांडुलिपियों को खोजना शुरू कर दिया कि शायद उनमें उस जैसी नाक का कहीं वर्णन हो। पर कहीं कोई जिक्र नहीं मिला। क्या ही सुखद आश्चर्य होता कि कहीं लिखा हुआ मिल जाता कि मु-लिएन[1] या शालिएन[2] इन दोनों से किसी एक की भी लंबी नाक होती। वह कितना खुश होता कि चीन में तीसरी शताब्दी में सम्राट लिउड हसान-ति के लंबे कानों की जगह लंबी नाक होती।

नाक को छोटा करने के लिए उसने तरह-तरह के उपाय किये। कभी वह साँप की केंचुली पका कर लगाता और कभी चूहे का मूत्र, फिर भी दोनों होंठों पर झूलती हुई उसकी नाक छह इंच से छोटी न हो सकी।

पतझड़ का एक दिन। तोक्यो की ओर जाता हुआ एक अनुयायी इके-नो-ओ भी गया और उसने एक ऐसे चामत्कारिक डॉक्टर का नाम लिया जो लंबी नाक को छोटा कर सकता था। वह चीन से जापान आया था और उस समय चोराकु मंदिर से संबद्ध था।

शिष्य यह चाहता था कि उसके गुरु किसी तरह के इलाज से इस कष्ट से मुक्ति पा सकें। इलाज लंबा-चौड़ा नहीं था। पानी में

नाक को उबालना और खँखारना। मंदिर के स्नानागार में उबलते पानी की कमी नहीं थी। पानी इतना गर्म होता था कि उसमें उँगली तक डुबोना मुश्किल होता। डर था कि कहीं जेनचि का मुँह ही न जल जाए। लकड़ी की तश्तरी में छेद करके बर्तन को ढक दिया गया, ताकि नाक पूरी तरह से उबलते पानी में डूब सके।

'अब तक यह उबल गयी होगी।' थोड़ी देर बाद उस शिष्य ने कहा।

भाप और पानी के पाटों के बीच नाक ऐसी हो गयी जैसे मच्छरों ने काटा हो। दोनों टाँगों के आसपास नाक सटा वह शिष्य जोर-जोर से आघात करने लगा।

'दुखता है?'

'नहीं। बिल्कुल दर्द नहीं।' वह आराम की अनुभूति थी।

'मुझसे कहा गया था कि चिमटी से उखाड़ा जाए।'

अब नाक भुनी-मुर्गी की तरह दिखायी देने लगी। एक अच्छे मरीज़ की तरह जेनचि ने खुद को सर्जन के हाथों सौंप दिया।

'इसे एक बार और उबालना होगा।'

जब दूसरी बार नाक को बर्तन से निकाला गया तो पाया कि नाक आश्चर्यजनक रूप से छोटी हो गयी थी। दर्पण देखते समय उसने सोचा 'अब मुझ पर कोई नहीं हँसेगा।' उसकी आँखों में संतुष्टि झलक उठी।

लेकिन दिन भर उसे डर लगा रहा कि कहीं उसकी नाक फिर से लंबी न हो जाए। वह खाना खाते और मंत्रोच्चारण करते समय बार-बार अपनी नाक को छूता, वह सही-सलामत अपनी जगह पर थी। सैर करते समय भी उसने छूकर देखा कि उसकी नाक अब भी ज्यों की त्यों छोटी है।

कुछ दिन बाद उसे अजीब-सा अनुभव हुआ। एक समुराई

मंदिर के अहाते में आया और उसकी छोटी नाक को देखकर हँस पड़ा और वह अनुचर भी जिसने लकड़ी की सहायता से कभी उसकी नाक को प्याले में गिर जाने दिया था।

अब हँसी का कारण दूसरा था। कभी-कभी अपरिचित नाक ज्यादा परेशान करती है। तब वह बेचारा पुजारी हाथी पर आसीन दया की देवी फ़्यूगन से दया की प्रार्थना करता।

आदमी की संवेदना सहानुभूति का भी जवाब नहीं। वह हर दुर्भाग्य के साथ जुड़ी ही रहती है। एक दुर्भाग्य से छुटकारा पाने के बाद उसे फिर से उसी दुर्भाग्य की ओर लौटने के लिए मजबूर करती है।

दिन-पर-दिन जेनचि मायूस होता गया। क्यों उसने अपनी नाक को छोटा हो जाने दिया! कड़ाके की सर्दी में वह सोचता कि मेरी नाक इतनी छोटी हो गयी है कि कहीं जुकाम न हो जाए। वह बड़बड़ाया।

अगली सुबह उसने पाया कि बगीचा गिनगको पेड़ों-पुष्पों से निखर रहा है, जैसे आस-पास स्वर्ण में नहा चुका है।

जैसे ही उसने नाक को छुआ, उसने पाया कि पहले की तरह नाक छह इंच लंबी हो चुकी है और होठों से ठुड्डी तक झूल रही है।

'अब मुझ पर कोई नहीं हँसेगा।'

सुबह की पतझड़ी हवा की तरह उसकी नाक झूलने लगी।

कवाबता यासुनारी

कवाबता यासुनारी

प्रसिद्ध हस्ताक्षर **कवाबता यासुनारी** का जन्म औसाका की भूमि पर हुआ। 1899 में जन्मे इस लेखक ने उपलब्धियों की ऊँचाई को छुआ। बचपन में ही माता-पिता का देहांत हो जाने से दादा-दादी ने ही उनका पालन-पोषण किया । आठ वर्ष की आयु में दादी का भी देहांत हो जाने से ममत्व और अनुशासन की बागडोर दादा के ही हाथों में रही, लेकिन पंद्रह वर्ष पहुँचते-पहुँचते वह डोरी भी टूट गयी।

प्रारंभिक शिक्षा के दौरान ये चित्रकार बनना चाहते थे लेकिन अंततः उपन्यासकार बनने की ही ठान ली। माध्यमिक स्कूल तक पहुँचते-पहुँचते ही निबंध और कहानियाँ लिखने लगे। उसके तुरंत बाद '16 वर्ष पुरानी डायरी' लिखकर ये पूरी तरह से अध्ययन में जुट गये। तोक्यो इंपीरियल यूनिवर्सिटी में प्रवेश के बाद उन्होंने अंग्रेजी साहित्य का अध्ययन किया। इतनी पैनी नजर तह तक पहुँच कर व्यक्ति का अकेलापन खोजती है 'युकिगुनि' पर उन्हें नोबल पुरस्कार प्राप्त हुआ। इसके अतिरिक्त 'यमा-नो-ओतो' उनका प्रसिद्ध बहुचर्चित उपन्यास है।

अनेक साहित्यिक संस्थाओं से संबद्ध इस लेखक के मन में न जाने क्या था कि उन्हें आत्महत्या करने पर मजबूर होना पड़ा और इस घटना से पूरा विश्व स्तब्ध रह गया। प्रस्तुत हैं इनकी दो कहानियाँ 'होकुरो नो निकि' और 'उदे' का हिंदी अनुवाद।

तिल
(होकुरो नो निकि)

पिछली रात मुझे तिल के बारे में सपना आया। तुम जानते हो ज़िसे लेकर मुझे बार-बार फटकारा गया था।

यह मेरे दायें कंधे पर है, सच कहा जाए तो गर्दन के पास। वह दाल के दाने से ज्यादा बड़ा है; यदि तुम इससे खेलती रहीं तो बस. ..! तुम आजकल मुझे इसी तरह खिझाते रहते हो। यह वास्तव में ही बहुत बड़ा और उभरा हुआ है।

बचपन में बिस्तर में लेटे-पड़े मैं इससे खेला करती थी। मुझे कितनी शर्म लगी, जब तुमने पहली बार इसे देखा था। यहाँ तक कि रो पड़ी थी।

'छोड़ो भी' जितना उसे छुओगी वह और ज्यादा बड़ा होगा। मेरी माँ ने न जाने कितनी बार धमकाया था। तब मैं तेरह के आस-पास थी। बाद में, मैं धीरे-धीरे इसके बारे में भूल ही गयी।

जब तुमने इसे पहली बार देखा था तब भी मैं पत्नी की अपेक्षा बच्ची ही थी। शायद एक पुरुष होने के नाते यह कल्पना कर ली होगी कि मुझे शर्म से भी ज्यादा कुछ और महसूस हो रहा था। उस समय लगा था कि शादी एक भयावह घटना से ज्यादा कुछ नहीं थी। कुछ ऐसा भी लगा था मेरे जीवन का गुह्य अचानक से तुम्हारे सामने आ गया था। बाद में तो न जाने गोपनीय से गोपनीय सब

कुछ तुम्हारे सामने उजागर होता चला गया था। उसके बारे में मैं। खुद भी नहीं जानती थी।

तुम खुशी-खुशी सो गये थे, और मैं निपट अकेली रह गयी थी, अनजाने में ही मेरे हाथ ने उस तिल तक की यात्रा पूरी कर ली थी।

'मैं इसे और ज्यादा नहीं छू सकती' इस किस्म का मैंने अपनी माँ को लिखा था।

'क्या बेहूदगी है, तिल के बारे में सोचना' एक बार तुमने कहा था। शायद तुमने मेरी इस कमबख्त आदत को बर्दाश्त कर लिया था। और मैं इसे लेकर ज्यादा परेशान नहीं हुई थी क्योंकि तिल कितना ही क्यों न हो, उसे कुरूपता नहीं कहा जा सकता। पता नहीं मैंने इससे फिर से 'खेलना' शुरू कर दिया था। न जाने तुमने कितनी बार मना किया था, शायद सैकड़ों बार।

'दायाँ हाथ इस्तेमाल करो, क्योंकि यह तुम्हारे दायें कंधे पर है।'

उत्तेजना के दौरे में तुमने कहा था। बाद में पाया कि मैं बायें हाथ से इसे सहलाया करती थी।

'बायें हाथ से ज्यादा सुविधाजनक है दायाँ हाथ ज्यादा नजदीक है।'

'गर्दन के सामने से हाथ पीछे ले जाना तो बेवकूफी है।'

मैं किसी भी तरह से तुम्हारी बात मानने की स्थिति में नहीं थी।

'पर बायाँ हाथ इस्तेमाल करने में क्या खराबी है?'

'हाथ दायाँ हो या बायाँ यही बुरी आदत है।'

'मैं जानती हूँ।'

'मैंने तुमसे कितनी बार कहा है कि किसी डॉक्टर के पास जाकर उतरवालो।'

‘पर नहीं कितनी शर्म की बात है।

‘बहुत आसान तरीका हैं।

‘तिल निकलवाने के लिए भला कौन जाता है डॉक्टर के पास?’

‘बहुत से लोग।’

‘चेहरे पर हो तो बात दूसरी है। डॉक्टर भी अपनी हंसी नहीं रोक पाएगा। वह जान जाएगा कि मैं तुम्हारी वजह से वहाँ हूँ।’

‘पर तुम उसे साफ-साफ कह सकती हो उसे सहलाने की तुम्हारी आदत है।’

‘वास्तव में। यह तो ऐसी जगह पर है जिसे मैं देख तक नहीं सकतीं। सच बात तो यह है कि तुम इसे बर्दाश्त नहीं कर सकते।’

‘बात ऐसी नहीं है, यदि तुम इससे न खेलो तो मुझे क्या एतराज हो सकता है।’

‘मेरा यह मतलब नहीं है।’

‘पर तुमने खुद को नहीं बदलना।’

‘मैंने लाख कोशिश की है’ यहाँ तक कि मैं हाईनेक का गाऊन पहनती हूँ कि मेरा हाथ तक वहाँ न जा सके।’

‘यह हमेशा का इलाज नहीं है।’

‘क्या यह आदत इतनी बुरी है?’

‘मैं बुरी बात नहीं जानता’ इसलिए कहता हूँ कि यह मुझे पसंद नहीं है।’

‘पर तुम्हें ना पसंद क्यों है?’

‘बहस करने की जरूरत नहीं है तिल से खेलना बुरी बादत है और इस आदत को छोड़ दो, मैं सिर्फ यही चाहता हूँ।’

‘मैंने यह कभी नहीं कहा कि मैं इसे नहीं छोड़ सकती।’

‘जब तुम इसे छूती हो तब तुम्हारा चेहरा भयंकर हो उठता है

और उससे मैं। नफरत करता हूँ।

'शायद तुम ठीक कहते हो। अगली बार जब तुम देखो तो मेरा हाथ झटक सकते हो, यहाँ तक चेहरे पर झापड़ लगा सकते हो।'

'पर तुम्हें यह नहीं लगता कि पिछले तीन सालों से तुम इस हरकत को छोड़ सकती थीं।'

मैंने कुछ जवाब नहीं दिया सिर्फ तुम्हारी बाता के बारे में सोच रही थी।

'दैट इज वाट आई रियली हेट।'

एक औरत की अदा तो बस सिर्फ इतनी ही होती है कि वह अपने लघु अहं की रक्षा कर सके। शायद मेरे चेहरे की अभिव्यक्ति ठीक वैसी ही होगी अजीबोगरीब एबसेंट माइंडिड।

क्या यह एक ऐसा निशान तो नहीं है जिससे लगे कि हम दोनों के बीच एक चौड़ी खाई है जो पाटी नहीं जा रही? क्या मेरे भीतर का सब कुछ चेहरे पर आ जाता है जब मैं इस तिल को छूती हूँ। जैसे कि मैं बचपन में किया करती थी शायद किसी दिवा-स्वप्न में पहुँचने जैसा। पर यह भी तो हो सकता है कि तुम इस कदर असंतुष्ट हो चुके हो कि इस छोटी सी-बात का बतंगड़ बना लेते हो। यदि तुम मुझसे खुश होते तो मुस्करा देते और इस बारे में कभी सोचते ही नहीं।

यह एक भयंकर खयाल था, मगर था तो, मैं काँप उठी यह सोचकर शायद कुछ ऐसे भी पुरुष होंगे जो मेरी इस आदत को पसंद करते हों।

यह शायद तुम्हारा प्यार ही था जो जब-तब मेरे प्रति उत्पन्न होता रहता है। आज भी इसमें कोई शुबहा नहीं है। क्या यह छोटी सी खीज तो नहीं है जिसने हमारे वैवाहिक जीवन को विकृत कर दिया है। क्या कहीं ऐसे भी पति-पत्नी हो सकते हैं जिनके बीच हर

समय अनोखा ही घटित होता रहे। मैं यह भी नहीं सोचती कि जो एक-दूसरे के प्रति समर्पित हो जाते हैं वे वास्तव में ही एक-दूसरे को प्यार करते हैं। लगातार घृणा से सहमत नहीं होते। क्या यही अच्छा होता कि तुम मेरी इस तिल से खेलने की आदत को इगनोर कर देते।

वास्तव में तुम मुझे ठुकराने और मारने को दौड़े थे। मैं फूट-फूट कर रोयी और तुमसे कहने लगी कि क्या तुम जरा-सा भी कम हिंस्र नहीं हो सकते, मुझे सिर्फ इसलिए ही बर्दाश्त करना पड़ता है कि मैं सिर्फ अपने तिल को छू लेती हूँ। यह तो सिर्फ घृणा की ऊपरी परत थी।

'क्या इलाज किया जाए?' तुमने कहा। यदि यह सब मैंने किसी को भी बताया होता तो तुम एक क्रूर पति बन सकते थे, हम एक ऐसे बिंदु पर पहुँच चुके थे कि छोटी-मोटी बातें भी हमें टेंस कर देती थीं। वास्तव में तुम्हारे प्रहार ने मुझे एक अव्यक्त बोझ से छुटकारा दे दिया था।

'मैं ऐसा कभी नहीं करूँगी। मेरे दोनों हाथों को बाँध दो।'

मैंने अपने दोनों हाथों को जोड़कर तुम्हारी छाती पर रख दिया। ऐसे लगता था कि जैसे मैं खुद को सौंप रही हूँ, अपने सब-कुछ के साथ तुम चकरा उठे थे, शायद तुम्हारा गुस्सा पिघलने लगा था। तुमने रस्सी से मेरे दोनों हाथ बाँध दिये।

तुम्हारी आँखें में कुछ पढ़कर मैं बेहद खुश हो गयी। तुम मेरे बँधे हुए हाथों को देखकर, मेरे बालों को सहलाकर मुझे राहत देने की कोशिश कर रहे थे।

इससे मेरी पुरानी आदत टूट जाएगी, कुछ इसी तरह का सोचने लगी थी। पर कितना भयावह था, इस प्रकार तिल की उपेक्षा करना।

बाद में ऐसा नहीं हुआ कि मेरे प्रति तुम्हारा प्यार पूरी तरह मर गया। जब भी तुम मुझे देखते कि मैं तिल को सहला रही हूँ तो तुम न देखने का बहाना कर कुछ भी नहीं कहते।

एक अजीबोगरीब-सा कुछ हो गया। मारने-धमकाने की ताकत पूरी तरह चूक गयी थी।

तुम क्या जानते हो कि मैं इस तिल से नहीं खेलती? तुमने ऐसे देखा कि तुम रत्ती भर भी परवाह नहीं करते।

मैं पूछना चाहती हूँ कि तुम्हारे लिए यह बात जरा-सी भी अनइम्पारटेंट होती तो क्या तुम मुझे इस तरह मारने-पीटने तक की सजा देते! शायद नहीं। और मैं तुम्हारी तरफ से भी पूछना चाहती हूँ कि यदि यह आदत छूटने वाली होती तो क्या बहुत पहले ही न छोड़ देती। पर तुम तो मुझसे बात करना भी पसंद नहीं करोगे।

एक ऐसी आदत जिससे कुछ खास फर्क नहीं पड़ता, चाहे वह दवा हो या जहर, जिससे तुम्हें खुशी मिलती है, दिन पर दिन करती चली जाओ। इस तरह का भाव तुम्हारे चेहरे से जब-तब टपकरता। मैं तुम्हें खिझाना चाहती थी और जानबूझ कर तुम्हारे सामने उस तिल को छूना चाहती थी। मगर यह क्या? मेरे हाथ ने हिलने तक को इनकार कर दिया।

मैं अकेली पड़ गयी, इसलिए गुस्से से तमतमा उठी।

तुम्हारी गैरहाजिरी में भी छूना चाहा लेकिन तब भी मेरे हाथ ने मेरा साथ नहीं दिया। शर्म की बात थी।

मैंने फर्श की ओर देखा, और अपना होंठ काट लिया।

'तुम्हारे तिल को क्या हुआ?' मैंने तुम्हारी तरफ से उछलने वाली इबारत को कहा लेकिन इसमें से 'तिल' न जाने कब फिसल गया।

शायद और भी बहुत कुछ फिसल गया।

मैं उन दिनों 'कुछ' क्यों नहीं कर सकी, जब तुम्हारे द्वारा फटकारी जाती थी। कितनी निकम्मी औरत हूँ मैं भी।

घर लौटने पर एक बार जब मैं माँ के साथ नहा रही थी।

'तुम पहले जैसी आकर्षक नहीं रहीं, सायाको तुम वक्त के साथ मुकाबला नहीं कर सकतीं शायद।'

मैंने उसकी ओर देखा। उसकी त्वचा अब भी वैसी ही चिकनी और मुलायम थी।

'और वह तिल और भी ज्यादा आकर्षक था।'

'वास्तव में ही उस तिल की वजह से मुझे बेहद परेशानी हुई, अपनी माँ से न कह सकी। वे कहते हैं कि तिल को हटाने में दर्द नहीं होता।'

'पर धब्बा रह जाएगा।'

कितनी शांत और बेपरवाह है मेरी माँ भी।

'हम हँसा करते थे कि शायद सायाको अब भी तिल से खेला करती होगी। शादी-शुदा होने के बावजूद भी।'

'मैं खेला करती थी।'

'हमने भी यही सोचा था।'

'यह बुरी आदत है। कब से शुरू की मैंने?'

'जब से तिल निकलते हैं।' हैरानी है कि बच्चों को नहीं होते।

'बड़े होते ही न जाने कैसे आ धमकते हैं?'

'छुटपन से ही...' माँ ने हँसकर कहा। 'मुझे याद है बचपन में बहनों के साथ इसे छूकर देखा था मैंने, और न जाने यह सब किस तरह आदत में बदल गया।'

बहुत पहले की बात है, अब तो याद भी नहीं है कि आखिरी बार इससे कब खेली थी।

तुमसे दूर उस घर में वापस आ गयी हूँ, जहाँ मेरा जन्म हुआ

था। अब मैं जी भर कर इससे खेल सकती थी, किसी भी तरह की रोक-टोक नहीं थी।

पर यह एक अच्छी बात नहीं थी। जैसे ही मैंने तिल को छुआ' मेरी आँखें ठंडे आँसुओं से भर आयीं।

बहुत पहले की यादें ताजा हो आयी थीं। जब मैं जवान थी और जब भी मैं तिल को छूती थी, तुम्हारे बारे में सोचती थी।

मैं एक अच्छी पत्नी साबित नहीं हो सकी थी, शायद तुम मुझे तलाक तक भी दे सकते थे। पर यह मुझे कभी ध्यान नहीं आ सका था कि इस बिस्तर में, मैं तुम्हारे ही बारे में सोचूँगी।

मैंने करवट ली और मुझे सपना भी तिल के बारे में ही आया।

नींद खुलने पर यह तो नहीं बता सकती थी कि वह कौन-सी जगह थी, लेकिन एक औरत हमारे साथ थी, मैंने खूब शराब पी थी और नशे में थी। तुम्हारे साथ खूब झगड़ रही थी। जैसे ही मेरा हाथ उसे छूने को हुआ, वह मेरे हाथ में नहीं आया। ऐसे लगा जैसे भुनी हुई दाल का दाना हो। बिगड़े हुए बच्चे की तरह मैं तुम्हारी छाती पर झूल गयी और उस तिल के लिए चिल्लाने लगी।

जब मेरी नींद खुली, तो मेरा तकिया भीग चुका था। और मैं रो रही थी।

मैं थकी-थकी थी और इसके साथ किसी बोझ से छुटकारा पाने के बाद कुछ हल्की-हल्की थी।

मैं मुस्कुराते हुए फिर लेट गयी। क्या सचमुच मेरा तिल अंतर्धान हो गया था? मैं उसे छूने की तकलीफ भी नहीं कर सकती थी।

अब भी मैं अपनी उँगलियों में उस काले तिल को महसूस कर सकती हूँ।

शायद मैं कितनी खुशनसीब होउँगी, कि तुम भी मेरी तरह इस

तिल के बारे में सपना देख रहे होंगे।

एक बात तो भूल ही गयी।

'मैं नफरत करता हूँ।' यह कभी तुमने कहा था और भी अच्छी तरह समझती हूँ कि यह बात भी मेरे प्रति तुम्हारे प्यार का ही सबूत है। मैंने सोचा कि मुझमें केवल एक ही घटियापन की बात है जब मैं तिल को छूती हूँ।

इससे खेलने के लिए तुमने मुझे फटकारा था। यह मैंने माँ से कहा। पर तुमने क्यों फटकारा?

'यह एक बुरी आदत है, इसलिए।

'पर मुझे इससे खेलता देखकर तुम उस समय क्या महसूस किया करती थीं?'

'अच्छा... ।'

'पर यह कैसा लगता था? क्या तुम्हें इसके लिए अफसोस था या तुम सोचती थीं कि मुझसे घृणा करनी चाहिए?'

'सच तो यह है कि मैंने इसके बारे में कुछ खास सोचा ही नहीं। तुम्हारे चेहरे पर कुछ उनींदापन झलकता था।'

'तुम सब मुझे इसके लिए खिझाते और मीनमेख निकालते थे।'

'शायद।'

यदि यह सच है तो मेरी माँ और बहिन का मेरे प्रति किस कदर प्यार है? शायद तुम्हारी नफरत भी एक प्रकार का प्यार ही है।

तिल से खेलना तो निहायत ही छोटी-सी आदत है और इसके लिए मुझे माफी भी नहीं माँगनी। पर जिन आदतों ने मुझे फूहड़ पत्नी बना दिया था, उनकी तो यह शुरुआत है।

इतना लिखने के बावजूद भी मुझे यह प्रतीत नहीं होता कि मैं एक बुरी और फूहड़ पत्नी हूँ। फिर भी इस तरह की कुछ बातें और भी हैं जो तुम्हें लिख देनी चाहिए।

बाँह

'सिर्फ एक रात के लिए मैं तुम्हें अपनी बाजू दे सकती हूँ।'

अपने दाहिने हाथ को मेरे कंधे पर से हटाते और दायें हाथ से मेरे घुटने को छूते हुए उस लड़की ने कहा।

'अब से थोड़ी देर बाद इसकी बाँह सिर्फ मेरी होगी। उस पर किसी का हक नहीं होगा, उसका भी नहीं।'

'क्या सोच रहे हो?'

'कुछ भी तो नहीं। ओह धन्यवाद।'

'बस एक मिनट, यह अंगूठी तो उतार लूँ।'

'तुम्हें यह बताने के लिए कि, यह मेरी है।'

'सगाई की अँगूठी है?'

'नहीं माँ का तोहफा है। इसे उतार कर ऐसे लगता है जैसे मेरी माँ मुझसे दूर हो गयी हो।'

अँगूठी सगाई की नहीं थी, लेकिन उसके हीरे तर्जनी में चमक रहे थे। शायद हर वक्त की चमक थी वह। अँगूठी उतारते ही मुझे लगा कि उसने अपना बाजू अलग कर दिया है। जिस्म से अलग हो जाने से उसका चेहरा दर्द से पीला पड़ चुका है। खून की रिसती बूँदें।

बिना किसी सान्त्वना-सहानुभूति जताये मैं उसकी बाजू को रेनकोट के भीतर छिपाकर धुँधलके भरी सूनी गलियों में निकल पड़ता हूँ।

रास्ते भर मैं उसकी उँगलियों को छूने की कोशिश करता हूँ। सिर्फ़ उसकी खुशी के लिए। यह महसूसने के लिए नहीं कि मेरे पास है या नहीं। गदरायी बाजू की गोलाई को छूकर मैं उसकी छातियों के गोल उभार को छूने की कल्पना करने लगता हूँ। उसकी गोलाइयाँ इतनी ही बड़ी होनी चाहिए कि—हथेलियों में सिमट जाएँ। मैं उसके कमसिन, हसीन सौंदर्य की ही कल्पना करता रहा। जो तितलियों की तरह मँडराता है या नन्हें-नन्हें शावकों की तरह हाथों से फुदक-फिसल रहे हों। मुझे लगा कि गर्व-यौवन की केलि-जंघाएँ मुझसे सटकर चल रही हों।

हवा में ताजगी थी और स्लीवलेस पहनने का मौसम शुरू हो चुका था। उसके अर्धनग्न कंधों को हवा ने छू लिया था। गहरी हरी रेशमी पोशाक पर उसकी अलकें झूल रही थीं। खासकर उसकी गोलाइयों को।

उसने सूँघ लिया था कि मैं उसे खूबसूरत समझता हूँ। रेनकोट में छिपी उसकी बाँह मेरी बाँह से ज्यादा ठंडी थी। लड़की का साथ पा जाने से जो गर्मी आ जाती है, शायद वह नदारद थी।

धुंध गहरी हो चुकी थी, शायद यह वसंत के आगमन की सूचना थी। दवा की दुकान के पिछवाड़े रेडियो बज रहा था। धुंध के कारण तीन हवाई जहाज पटरी पर नहीं उतर सकते इसलिए आकाश में ही—मँडरा रहे हैं। मैंने अपनी चंचलता उस लड़की की बाँह को सौंप दी है। रेडियो की सलाह मानकर मुझे जल्द से जल्द घर पहुँचकर सो जाना चाहिए।

कार की आवाज सुनकर और रोशनी को देखकर ऐसा लगा कि वह लड़की अपनी बाँह वापिस लेने के लिए आ पहुँची है। मैं भी जल्दी-जल्दी दौड़ता-भागता अपनी मंजिल की ओर...। वह लड़की कार चला रही है सिर्फ चलाने के लिए, पिछली सीट पर

शायद कोई जिन्न भूत। हल्की जामुनी पत्तियों की ओर देखे बगैर ही मैं हाँफता-दौड़ता तीसरी मंजिल की तंग सीढ़ियों पर चढ़ने लगता हूँ। कहीं कोई पीछा तो नहीं कर रहा।

अपार्टमेंट के सामने पहुँचकर अपने ही दरवाजे को खोलने में कठिनाई का अनुभव करता हूँ। क्योंकि मैं अकेला तो नहीं हूँ। उसकी बाँह मेरे साथ है। किसी ने देख लिया तो।

'आओ, घर में तुम्हारा स्वागत है।'

'क्या तुम काँप रहे हो?' बाँह पूछती-सी दिखाई दी।

'तुम्हें किसी और के यहाँ होने का अंदेशा है?'

'मालूम नहीं, यहाँ कुछ है जरूर।'

'यह तुम्हारे जिस्म की गंध है। या शायद मेरी ही परछाईं जो मेरे लौटने का इंतजार कर रही है।'

'यह भीनी-भीनी गंध।'

'मैगनोलिया' मैंने तपाक् से कहा। मुझे राहत मिली कि यह अकेलेपन की गंध नहीं है।

अकेलेपन के घुप्प अंधेरे में रहने की आदत-सी पड़ चुकी है। कहाँ क्या रखा है? झट से सूँघ लेता हूँ।

'मुझे स्विच की तरफ जाने दो।'

'मैं तुम्हारे कमरे में इससे पहले कभी नहीं आयी।'

पाँचों बत्तियाँ एक साथ जल उठीं। मेज, बिस्तर, रसोई और बाथरूम की। मैं कभी सोच भी नहीं सकता था एक साथ ढेर सारे उजाले के बारे में।

मैगनोलिया अभी-अभी खिला होगा। इधर मेज पर पड़े श्वेत पुष्पगुच्छ और उधर बाँह का हिलना-डुलना।

'कैसी तेज गंध है। मेरी त्वचा डूबती चली जा रही है।'

'तुम थक गयी होगी, जरा आराम कर लो।'

'कितना सुंदर है यह।' जाहिर है कि वह बेड-कवर के बारे में सोच रही है। खासकर अकेले रहने वाले आदमी के लिए एकदम जीवंत-सा।

'सो यहाँ हमें रात गुजारनी है।'

'हम चुपचाप लेटे रहेंगे, एक-दूसरे की अगल-बगल।'

'निहायत यत्न से तराशे, पालिश किये गये उसके नाखून मेरे मोटे बड़े नाखूनों की तुलना में उसका कोमल सौंदर्य। यहाँ भी नारीत्व की कोमलता। नाजुक सीपी जैसे मुलायम। वेदना की ओस को समेटती-सी हर दिन और हर रात की पूरी शक्ति खर्च की होगी इन्हें सजाने-सँवारने में। कोई सोच भी नहीं सकता कि एक-एक नाखून एक-एक ओस-बूँद जैसा।

वह खिड़की।

खिड़की खुली नहीं थी। सिर्फ उस पर परदे झूल रहे थे।

'कुछ दिखाई देता है?'

'सिर्फ औरत-मर्द।'

'सिवा मेरे कोई भी ताकत मुझे देख नहीं सकती।'

'और देखने का मापदंड।'

'हमारे पास भी और दूर भी। मगर सभी लोग इधर-उधर भटकते रहते हैं।'

एकाकार होते लड़की और उसकी बाँह। अजीब बात है। लड़की वहाँ और 'बाँह' यहाँ।

बरसात और धुंध की आंख-मिचौनी, न आसमान दिखाई देता और न धरती। अनंत दूरी में लिपटी वह धुंध।

थोड़ी देर के लिए मुझे लगा कि मेरा चेहरा मुझसे दूर चला गया है। जैसे नौवीं मंजिल से कूदकर किसी ने आत्महत्या कर ली हो।

'बहुत सुन्दर हैं ये परदे। बैड कवर से भी ज्यादा।'

'पर धूप ने इनका रंग बदरंग कर दिया है।'

'इसीलिए तो ये खूबसूरती है, किसी भी चीज से ज्यादा सुंदर।'

जैसे ही मैंने उसकी उँगलियों को अपनी हथेलियों में समेटना चाहा।

'जरा तमीज से।'

मेरे होठों की पकड़ से छूटकर वह मेरे गले से लिपट गयी। मैं नहीं समझ पाता कि इन नाजुक लमहों में तमीज का क्या मतलब होता है। मैं उसके मादक यौवन-सौंदर्य को संपूर्ण रूप से पी जाना चाहता हूँ। उसकी नाजुक पलकों और पतले होठों की नशीली शराब को।

घना कुहरा छँटने की प्रक्रिया में है। मैगनोलिया की पाँखें ओस की बूँदों में पूरी तरह भीग चुकी हैं। मेरी बाँहों की कैद से छूटकर वह मेरी कोहनी के भीतर दुबक गयी थी। अब तक किसी भी औरत ने मुझे इस तरह की नग्नता में नहीं देखा था।

'सो गयी?' सहलाने की कोशिश।

'नहीं।'

'इस तरह चुपका गयी हो कि लगा सो चुकी हो।' कोहनी के भीतर ही भीतर मैंने उसे जकड़ लिया था।

'सुनो! वह रोशनी।'

मैं उठा और स्विच ऑफ कर दिया।

'तुम्हें अंधेरा पसंद है।'

चुप्पी।

पर मैं अच्छी तरह जानता हूँ अंधकार की नींद और सौंदर्य के उजाले को। अँधेरे में सो जाने वाली को मैं जी भर कर देखना चाहता हूँ। मगर वह सो नहीं पाती। उसकी उँगलियों का गुदगुदा स्पर्श मुझे रोमाँचित कर देता है। एक-दूसरे को हम बाँहों में भर लेते

हैं। कभी उसकी साँस में तेजी और कभी मेरी साँस में धीमापन। औरतों से सुना है कि मर्द की बाँहों में वे आराम से नहीं सो सकतीं। शायद वह पहली औरत थी जो चैन से सो सकी थी। मैं सिर्फ बुदबुदा रहा था। उसकी हथेलियों को अपने होठों तक लाना चाहता था। मगर यह क्या? मेरी ही बांहें मुझसे कट कर हम दोनों के बीच कैसे आन पड़ीं। मैं सुन्न हो गया।

'तुमने अपनी बाँहें मुझसे बदल ली हैं। यह देखो उमड़ता हुआ लहू। मेरी प्यारी-प्यारी आँख तुम किसे खोज रही हो और तुम रो क्यों रही हो?'

शायद मैं सपने में बड़बड़ा रहा था।

'कुछ सुनायी पड़ा तुम्हें? मेरी बाँहें मुझसे अलग हो गयी हैं। वास्तव में ही महसूसा कि बाँह गरम है और उँगलियाँ सर्द।

उस सर्द स्पर्श को मेरे कान महसूस कर रहे हैं। मैंने उसकी छोटी उँगली को थामा। उसके नाखून के पोर ने मुझे छू लिया है। तभी तो आस-पास उजाला फैल गया है। या मुझे दिखायी दे रहा है।

'क्या देखते हो?' वह हड़बड़ायी।

'कुछ नहीं।'

'कुछ नहीं क्यों?'

'शायद एक रंग। नीला, पीला या जामुनी नहीं जानता कौन-सा रंग। मेरी पहचान खत्म हो गयी है।'

खुद से कहता हूँ।

उसने मुझे बाँहों में भर लिया, मेरी पलकों को प्यार से सहलाया।

मुझे लगा कि उसकी गोलाइयों को अब तक किसी ने नहीं सहलाया होगा, अब मैं उन्हें अपने हाथों में भरना चाहता हूँ। लाज

उसके तन से दूर जा चुकी थी।

'अरे यह क्या?' जैसे ही छूने के लिए आगे बढ़ता हूँ, मेरे हाथ खून से लथपथ हो जाते हैं। उसकी कटी हुई बाँह का खून मेरे हाथों में लग गया है और जिस्म से अलग होती मेरी बाँह का खून उसके शरीर में मिल गया है। हम दोनों की बाँहें आपस में बदल गयी हैं। उस लड़की के साफ-सुथरे खून में एक मर्द का गँदला खून! छीःछीः। नहीं। नहीं। मैं उससे विश्वासघात नहीं कर सकता।

'खुद को सौंपकर तुम रूपहीन हो जाओगे' लड़की की बाँह ने कहा।

'मैं थक गया हूँ।' इससे अलग कुछ सुनना-सोचना नहीं चाहता। सिर्फ सो जाना चाहता हूँ। कितनी प्यारी है यह नींद की दुनिया। भोले-भाले मासूम बच्चे की तरह।

किसी स्पर्श से मेरी नींद उचट गयी थी। शायद मेरी बाँह के स्पर्श से पर उसकी बाँह कहाँ है? उंगलियों का कंपन भी मर चुका है। इसके उजाले में सफेद पड़ती वह बाँह।

मैंने जल्दी से उसे अपनी छाती से लगा लिया। जैसे किसी बच्चे में से उसकी रूह निकल रही हो।

उसकी उँगलियों को होठों तक ले आया।

नारीत्व की ओस पोरों पर उतर आयी है।

हयासी फुमिको

हयाशि फुमिको

जापान की महिला कलाकारों में हयाशि फुमिको का प्रमुख स्थान है। 1951 तक पहुँचते-पहुँचते इन्हें जो लोकप्रियता प्राप्त हुई उसके पीछे उनके संघर्ष-पूर्ण जीवन का महत्त्वपूर्ण हाथ है। 1904 में जन्मी हयाशि को बनजारों-सा जीवन व्यतीत करना पड़ा। एक स्थान से दूसरे स्थान तक के कटु-कठोर अनुभवों, रोजी-रोटी के लिए जी-तोड़ कोशिशों, अस्पतालों, कारखानों की कठिनाइयों के वर्णन ने इन्हें महत्त्वपूर्ण हस्ताक्षर बना दिया। स्कूल की पढ़ाई समाप्त करने के बाद ही इन्होंने अपने पैरों पर खड़ा होने की जबर्दस्त कोशिश की। यही संघर्ष इनकी सुप्रसिद्ध रचना होरोकि का मूल है।

तोक्यो से प्रेम करने वाले लोगों को जिन भयंकर कठिनाइयों का सामना करना पड़ता है उन्हीं का जिक्र इनकी कहानियों-कविताओं में है। वास्तव में निम्न मध्यवर्ग का सशक्त स्वर इनके साहित्य में गूँजता है इनके पात्र विनम्र किंतु स्वनियंत्रित हैं। उनके जीवन के कोमल-क्षण काव्यमयी भाषा में साकार हो उठते हैं। प्रस्तुत है इनकी प्रसिद्ध कहानी 'शितामाचि' का अनुवाद तोक्यो। जिसमें जीवन संघर्षों का सामना करने की प्रेरणा है।

तोक्यो
(शितामाचि)

तेज सर्द हवा की दोपहरी! और र्‍यो तोक्यो की गलियों में से जल्दी-जल्दी भागती-दौड़ती चली जा रही है। दफ्तरों की छतों पर पड़ती सूरज की पीली धूप और इमारतों-कारों पर ठहरती उसकी दृष्टि, जिन्हें भीषण बम-वर्षा ने तहस-नहस कर दिया था।

शीशे के दरवाजे वाले एक खोखे पर उसकी नज़र पड़ी, जिसके आस-पास लोहे की जंग लगी चादरें पड़ी थीं। भीतर आग जलती दिखायी दे रही थी और जलती लकड़ियों की आवाज सुनायी पड़ रही थी। उसके पास, सिर पर लाल रूमाल बाँधे एक व्यक्ति खड़ा था। उस लंबे व्यक्ति में कुछ ऐसा आकर्षण था कि र्‍यो बात करने का लोभ संवरण न कर सकी।

'चाय ले लो, चाय! क्या आप चाय की पत्ती लेना पसंद करेंगे?'

'चाय।'

'जी हाँ। यह शिज़ुओका[1] की है।'

उसने अपना सामान नीचे उतार कर देखा कि स्टोव में से आग की लपटें निकल रही हैं और उसके कुछ ऊपर ही पीतल का बर्तन टँगा हुआ था।

'क्षमा कीजिएगा। मेरे अंदर आने में आपको कोई आपत्ति तो

नहीं है। मैं मीलों चल कर आ रही हूँ।'

'अवश्य आप अंदर आ सकती हैं। दरवाज़ा बंद करके जरा गर्मा लें।'

फर्नीचर के नाम पर उसने स्टूल की ओर इशारा किया और खुद कोने में पड़े बंद डिब्बे पर बैठ गया। थोड़े संकोच के बाद उसने अपना सामान भीतर घसीटा और स्टोव पर हाथ तापने लगी।

'स्टूल पर बैठकर आपको आराम मिलेगा।' उस आकर्षक चेहरे को देखकर, जो आग की लपटों से चमक उठा था, कहा।

'क्या तुम यही करती हो! घर-घर जाकर चाय बेचना।'

'हाँ। इसी से तो मैं अपनी रोजी-रोटी कमाती हूँ। मैंने सुना था कि यह एक अच्छा इलाका है। मैं सवेरे से मीलों चल चुकी हूँ लेकिन अब तक केवल एक पैकेट चाय ही बेच सकी हूँ। मैं अब घर लौटना ही चाहती थी, लेकिन सोचा कि रास्ते में खाना खा ही लूँ।'

'आराम से बैठकर खाना खा सकती हो। इसकी चिंता मत करो कि चाय नहीं बिक सकी।' उसने मुस्कराते हुए कहा, 'कल का दिन शायद तुम्हारे लिए बहुत बढ़िया होगा।'

पानी उबल चुका था, जब वह उसे उतारने के लिए बढ़ा तो र्‍यो को आसपास देखने का मौका मिल गया। खिड़की से सटा ब्लैकबोर्ड, शेल्फ जिस पर पारिवारिक देवी-देवता प्रतिष्ठित थे, सवाकी[1] पेड़। मेज पर रखे पैकेट को पानी में डाला और कुछ मिनट बाद मछली पकने की बू आसपास फैल गयी।

'आओ। यहाँ बैठकर आराम से कुछ खा पी लो।'

र्‍यो ने खाने का डिब्बा निकाला और स्टूल के पास बैठ गयी।

'सामान बेचना आसान काम नहीं है। बताओ तो जरा, इससे कितना तुम्हें मिलता है?'

र्‍यो चुपचाप खाना खाती रही।

'कहाँ रहती हो?'

'शिता-या में। असल में मैं तोक्यो के कुछ हिस्सों के बारे में ज्यादा नहीं जानती। दो हफ्ते से अपनी मित्र के पास हूँ जब तक कि कहीं और इंतजाम नहीं हो जाता।'

'और तुम्हारे पति? तुम विवाहित हो न?'

'हाँ। वह अब तक साइबीरिया में है। तभी तो मुझे इस तरह काम करना पड़ता है।'

र्‍यो अपने पति के बारे में सोचने लगी, जिसका पिछले छह सालों से कुछ पता नहीं था। अब तो उसे उसकी शक्ल या आवाज याद करने के लिए भी कोशिश करनी पड़ती है। उसे लगता है या तो वह भूत बन चुका है, पतला सफेद खंबा या और न जाने क्या? अब तो लोग युद्ध की बात भी नहीं करते, उसे सिर्फ इतना पता है कि वह अब भी कैद में है।

'यह क्या मजाक है? उसने कहा में खुद साइबीरिया मैं था। अमर नदी के पास मैंने लकड़ी चबाते हुए तीन बरस गुजार दिये। तुम्हारे पति की किस्मत। पर तुम्हारी दिक्कत तो और भी ज्यादा है।'

'तुम वास्तव में ही साइबीरिया से लौटे हो उसकी छाया तक दिखाई नहीं देती।'

'मैं ज्यादा नहीं जानता।' कंधे झटकाते बोला, 'तुम तो देख ही रही हो कि अब तक मैं जिंदा हूँ।'

र्‍यो ने पाया कि वह आदमी सीधा और दो टूक बात करने वाला है। वह उससे खुलकर बात कर सकती थी, क्योंकि ज्यादा पढ़े-लिखे लोगों के साथ उसे मुश्किल होती थी।

'कोई बच्चा?'

'छह साल का एक लड़का लेकिन उसे तोक्यो में रजिस्टर कराना मुश्किल हो गया है। सरकार अच्छी तरह जानती है कि लोगों को कैसे परेशान किया जाए।'

उस आदमी ने अपने रूमाल को ढीला किया। और प्यारे में चाय उँडेली।

'यह बढ़िया चाय है।' सुड़कते हुए उसने कहा।

'तुम्हें पसंद है? सौ येन में क्या मिलेगा? फिर भी यह बढ़िया है।'

उस समय हवा तेज हो गयी थी और र्‍यो लंबे रास्ते के बारे में सोच रही थी।

'मैं डेढ़ पौंड के करीब तुमसे चाय खरीदूँगा।' सौ येन का नोट उसकी ओर बढ़ाते हुए उसने कहा।

'यह क्या बेहूदगी है? तुम बिना मोल ले सकते हो।'

'ऐसा नहीं हो सकता। धंधा तो धंधा है।' उसने हाथों में पैसे थमाते हुए कहा, 'यदि कभी तुम्हें इस तरफ आने का मौका मिले तो बतियाने के लिए आ सकती हो।'

'अवश्य! पर तुम यहाँ तो नहीं रहते।'

'ट्रक पर माल लदवाने का काम मेरा ही है, इसलिए दिन का काफी बड़ा हिस्सा मैं यहीं गुजारता हूँ।'

एक फिल्म अभिनेत्री की तस्वीर टँगी थी और र्‍यो उसकी उम्र के बारे में अंदाजा नहीं लगा सकी।

उसके बाद से र्‍यो नियमित रूप से योत्सुगि की तरफ चाय बेचने के लिए आती और उस खोखे की तरफ भी। उसे पता चला कि उस आदमी का नाम त्सुरुइशि योशिओ है। उन दोनों के बीच एक ऐसा कोमल तंतु उत्पन्न हो गया था कि वे एक-दूसरे का इंतजार करने लगे। उसका धंधा जमने लगा और उसके ग्राहकों की संख्या भी बढ़ने लगी।

पहली मुलाकात के एक हफ्ते बाद, वह अपने बेटे रयूकिचि को भी ले आयी। बातचीत करने के बाद वह उसे घुमाने ले गया और जब वह लौटा तो उसके पास एक बड़ा केक था।

शायद वह उसकी ओर आकर्षित हो चुकी थी, लेकिन उसने भरसक कोशिश की कि त्सुरुइशि को पता न लगे।

फुरसत के वक्त वे पहली बार असाकुसा गये। उसका सलेटी सूट था और उसका नीला किमोनो।

'बरसात न हो तो बढ़िया रहे।'

त्सुरुइशि ने हलके से उसे बाँहों में भरते हुए कहा—यात्सुया डिपार्टमेंट स्टोर, दोनों ओर की छोटी-छोटी दुकानों को पीछे छोड़ते हुए वे मंदिर की ओर गये। पुराने कपड़ों का बाजार पीछे छूट चुका था। वह मन ही मन जान चुकी थी कि न जाने वह उस आदमी को कब से जानती है।

'इस बरसात में यहाँ बैठकर कुछ खा ही लें और बाद में तुम्हें घर छोड़ आऊँगा।' खाने-पीने की दुकान की ओर इशारा करते हुए कहा।

र्‌यो यह समझ नहीं सकी कि वह कौन से घर की बात कर रहा है।

'पहले फिल्म और बाद में खाना।'

जब वे थियेटर से बाहर निकले तो अँधेरा हो चुका था और बारिश थी कि रुकने का नाम नहीं।

उन्हें एक 'इन्न' की तलाश थी जहाँ सुस्ताया जा सके।

'तुम्हारी उम्र क्या है र्‌यो?'

'अट्ठाईस।'

'मुझसे एक साल बड़ी।'

'इस मूसलाधार बारिश में हमें रात यहीं गुजारनी होगी।' थोड़ी देर बार त्सुरुइशि ने कहा।

'यहाँ लोग समझते हैं कि हम पति-पत्नी हैं।'

'अच्छा है कि गलतफहमी बनी रहे।' उसे लगा कि इस समय उसका पति पहले से भी ज्यादा उसके नजदीक है।

'र्‌यो। मैं तुमसे कुछ कहना चाहता हूँ।'

'मैं समझती हूँ कि तुम्हें कुछ नहीं कहना चाहिए।' वह तो सिर्फ बारिश की वजह से है। उसने मन ही मन सोचा।

'मैंने तुमसे पहले कभी नहीं पूछा! क्या तुम विवाहित हो?'

'नहीं, अब नहीं।'

'पहले थे?'

'हाँ, जब मैं युद्ध से लौटा तो पाया कि मेरी बीवी किसी मर्द के साथ...।'

'नाराज थे।'

'हाँ, नहीं। क्योंकि वह संबंध-विच्छेद कर चुकी थी।'

चुप्पी का वातावरण।

'नूडल्स कैसे हैं? या कैसे नहीं हैं। शायद अच्छे नहीं हैं। हमसे उतना सारा पैसा ले लिया है। सौ येन।'

'कितना अच्छा होता कि तुम्हारे पास खुद का कमरा होता।'

'तुम्हारे घर के आसपास यदि कोई ठिकाना होता। वह तो तुम जानती ही हो।'

वह उसे बाँहों में भर लेना चाहती थी।

'तुम्हारे माँ-बाप कहाँ हैं त्सुरु।

'फुकुओका के पास और मेरी बहिन बिल्कुल अकेली। उसका पति सात साल पहले चीन के युद्ध में मारा गया था। वह दोनों बच्चों के लिए कपड़े सीकर कुछ कर-करा लेती है।'

उसने देखा कि उजाला होने को है। रात भर का साथ लगभग समाप्त होने को है।

'र्यो, मैं फिर कहता हूँ कि इस तरह की चीजों का मैं आदी नहीं हूँ। एक ही छत के नीचे एक लड़की के साथ।'

उसे लगा कि वह धीरे-धीरे उसकी ओर सरक रहा है।

'नहीं। यह ठीक नहीं है। मेरे लिए...मेरे पति के लिए... ।' वह फुसफुसाई।

दो दिन बाद जब वह अपने बच्चे को लेकर उसके घर आयी तो पाया कि दो-तीन कारीगर वहाँ जमा हैं।

'क्या बात है?'

'त्सुरइशि।'

'क्या तुम नहीं जानती कि वह कल मर गया।'

'मर गया?' वह कुछ और कहना चाहती थी लेकिन...। पारिवारिक देवता के सामने जलती हुई मोमबत्ती का अर्थ वह अच्छी तरह समझती थी।

'हाँ। कल रात आठ बजे। वह ओमिया के पास ट्रक से कुचला गया। अंतिम संस्कार के लिए उसकी बहिन वहीं गयी है।'

'शायद तुम उसकी मित्र हो। यह विश्वास ही नहीं किया जा सकता कि भीषण युद्ध से वह सही सलामत लौट आया और अब इस तरह ट्रक से...।'

'क्या वह आदमी सचमुच मर गया ममी?'

'हाँ! वह कुएँ में गिर गया।'

और वह सुमिया पुल की ओर बढ़ चली।

'चिंता मत करना र्यो! तुम्हारे होने वाले बच्चे की देखभाल करूँगा। अपनी तनख्वाह में से हर महीने तुम्हें...।'

सर्द हवा में वह जम चुकी थी।

'मैं स्केचबुक खरीदना चाहता हूँ ममी।'

'बाद में!'

बैरकों को पार करती वह आगे बढ़ रही थी।

'चाय ले लो चाय!' र्‍यो फिर से चाय बेचने लगी। एक दरवाजे से दूसरे दरवाजे तक।

दूसरे दिन वह फिर त्सुरु की केबिन में आयी।

'क्या बात है?'

'मैं चाय बेचने आयी हूँ। शिज़ुओका की चाय।'

पता नहीं उसे क्या हो चला था कि यह जानकर भी अब कुछ नहीं हो सकता। वह फिर से उस भीगी बरसात के क्षणों में पहुँच जाना चाहती थी। अच्छा होता कि वह उससे न मिली होती।

लेकिन उसे किसी भी बात का अफसोस नहीं है। न तो तोक्यो आने, न त्सुरु से मिलने और न ही 'इन्न' में रहने का। शुरू में उसने सोचा था कि यदि धंधा नहीं जमा तो वह वापिस चली जाएगी। अब तो उसे यहीं रहना है। क्योंकि यहाँ त्सुरुइशि रहता था।

'चाय ले लो कोई खरीदना चाहेगा?'

'कितने की?' दरवाजा खुला और र्‍यो से भी ज्यादा गरीबी में लिपटी औरत ने पूछा।

'अंदर आकर थोड़ा सुस्ता लो। मैं देखती हूँ मेरे पास कितना पैसा बचा है?'

उस छोटे कमरे में चार औरतें मशीन पर काम कर रही थीं। उसे लगा कि सुइयाँ उसके जिस्म के आर-पार जा रही हैं।

युकिओ मिशिमा

यूकिओ मिशिमा

यूकिओ मिशिमा का जन्म 1925 में तोक्यो में हुआ। तोक्यो इम्पीरियल यूनिवर्सिटी से स्नातक होने के बाद इनका लेखन प्रारंभ हुआ। उपन्यास, नाटक, एकांकी, कहानियाँ और दर्जनों निबंध लिखकर ये पश्चिमी साहित्य में बहुचर्चित रहे। 1954 में इन्हें जापान का साहित्यिक पुरस्कार 'शिनचोशा' प्राप्त हुआ। इन्हें जापान की पारंपरिक मान्यताओं में विश्वास है। 1970 में विश्व स्तंभित रह गया जब उन्होंने अपने साथी के साथ मिल कर हराकिरि[1] कर ली।

प्रस्तुत है इनकी सुप्रसिद्ध कहानी 'शिनूज्यु' का हिंदी अनुवाद–मोती।

मोती

(शिनूज्यु)

10 दिसंबर को श्रीमती सासाकि का जन्म दिन था और मौके पर उसने अपनी नजदीकी सहेलियों को शाम की चाय पर आमंत्रित किया। यमामोतो मात्सुमुरा, आजुमा और कासुगा अपने मेजबान की तरह ही 43 वर्ष की थीं। इन सभी को यह विश्वास था कि अपनी उमर को दूसरे लोगों को नहीं बताना चाहिए।

सासाकि ने इस मौके पर मोती की अँगूठी पहनी जो उसकी पोशाक के साथ जम रही थी। महिलाओं की पार्टी में हीरे पहनना सुरुचि संपन्नता नहीं मानी जाती।

पार्टी शुरू होने के तुरंत बाद जब सासाकि ने आखिरी बार खाने-पीने के सामान पर नजर दौड़ायी तो अँगूठी का मोती गिरा हुआ पाया। यह कोई शुभ संकेत नहीं था लेकिन इसके बारे में मेहमानों को इस दुर्भाग्यपूर्ण घटना के बारे में बताना भी ठीक नहीं था। इसलिए उसने केक के पास ही उस मोती को रख दिया। उसके पास छुरी काँटा और नेपकिन भी चारों मेहमानों के सामने रख दिये गये और गप्पबाजी की दुनिया में थोड़ी देर के लिए वह मोती की बात भूल गयी। तिरतालीस मोमबत्तियों को जलाना और फिर एक ही फूँक में बुझाना इतना आसान नहीं था।

केक पर गुलाबी फूलों, चाँदी-सी रंगत की घंटियों की बहार

थी। और इस केक को खास तौर पर महँगी दुकान से खरीदा गया था। इन खूबसूरत टुकड़ों को देखकर वह खुशी में नहा उठी थी। पर अचानक ही उसे मोती का खयाल आया, जहाँ पर उसे रखा गया था, वहाँ नहीं था। लेकिन सासाकि पार्टी का मजा किरकिरा नहीं करना चाहती थी।

'क्या बात है?' एक ने कहा।

'कुछ नहीं।'

'जरूर मोती होगा। बगैर सोचे-समझे उसे मैंने निगल लिया। गले में जरा खराश भी हुई, लेकिन परवाह नहीं की। यदि हीरा होता तो आपरेशन करा इसे वापिस भी दे सकती थी। पर मोती के लिए माफी चाहती हूँ।'

'हूँ! बिल्कुल मोती का स्वाद है।'

सासाकि ने केक को चखते हुए कहा। यह वाकया एक खूबसूरत मजाक में बदल गया।

पार्टी के बाद श्रीमती आजुमा ने श्रीमती कासुगा को भी अपनी कार में बैठा लिया क्योंकि वह भी उसी तरफ रहती थी। दो मिनट भी नहीं गुजरे होंगे कि 'तुम्हीं ने ही तो मोती निगल लिया था, मैंने तुम्हें बचाने के लिए अपना नाम ले दिया।'. बात कितनी ही दोस्ताना अंदाज में क्यों न कही गयी हो, पर वास्तव में ही यह एक बेहूदा मजाक था।

'नहीं, बिल्कुल नहीं।' आजुमा का चेहरा पढ़ते हुए उसने कहा, 'मैं इस तरह की गंदी हरकत नहीं कर सकती।'

'स्याह पड़ता चेहरा ही बता रहा है।'

मोती निगलने की कल्पना से ही कासुगा सिहर उठी थी।

उधर यमामोतो और मात्सुमुरा जिनका घर एक ही दिशा में था टैक्सी में बैठने के बाद मात्सुमुरा ने पर्स टटोला। यमामोतो ने देखा कि उसमें मोती था। यमामोतो के साथ उसके पिछले कुछ

दिनों से मित्रतापूर्ण संबंध नहीं रह गये थे इसलिए वह नहीं चाहती थी कि मोती के बारे में उसे कुछ पता चले। संयोगवश यमामोतो तो उस समय खिड़की से बाहर देख रही थी और वह यह नहीं जान सकी कि मोती ने उसके पर्स तक पहुँचने का रास्ता कैसे बना लिया था। बात जो भी हो उसने निश्चय कर लिया कि उस मोती को तुरंत लौटा दिया जाए। ताकि उसका बोझ हलका हो सके। मोती को न तो सस्ता कहा जा सकता है और न महँगा। वह जल्दी से जल्दी टैक्सी से उतर जाना चाहती थी।

'मुझे यहाँ किसी बीमार मित्र को देखने के लिए जाना है।' तत्काल टैक्सी रुकवा, वह उतर चुकी थी।

यमामोतो को हैरानी हुई कि इतनी गंदी हरकत कैसे हो गयी। क्योंकि उसने शीशे में से ही मात्सुमुरा के पर्स में वह मोती देख लिया था। पार्टी में यमामोतो को ही सबसे पहले केक दिया गया था। उसने देखा कि वह सफेद मोती था उसने जल्दी से कुर्सी पर रखे यात्सुमुरा के पर्स में डाल दिया था।

टैक्सी से उतरने के बाद मात्सुमुरा अब आगे की योजना के बारे में सोचने लगी। अब जबकि मामला रफादफा हो चुका था, वह नये सिरे से खोलना खुद पर शक करवाना था। यदि उसने तुरंत मोती नहीं लौटाया तो फिर वह कभी नहीं लौटा पाएगी। उसे इसी वक्त निर्णय लेना होगा। गिंजा की तरफ वह मोती की दुकान की ओर चल पड़ी। उसने पर्स में से मोती निकालकर कहा, 'इससे बड़ा और कुछ महँगा।' खरीदारी के बाद वह सरसाकि के घर की ओर चल दी। उसे छोटे पाकेट में से मिला है कहकर वह मोती सासाकि को दे दिया जाएगा। अँगूठी में पूरा न आने पर वह उसे लौटा देगी। इस तरह वह शर्मिंदगी से बच जाएगी।

उधर यदि तीनों महिलाओं की ओर जाया जाए तो घर पहुँचकने

के बाद भी कासुगा को आजुमा के क्रूर मजाक से बेहद तकलीफ होती रही। जो कुछ भी करना है कल से पहले कर लेना चाहिए। यह साबित करने के लिए कि उसने मोती नहीं निगला है, मोती का होना जरूरी है। उसने गिंजा जाकर करीब-करीब उसी साइज का मोती खरीदा। वह खुद मोती कैसे लौटाये, यह उसकी समझ से बाहर था इसलिए अपनी मित्र उसने आजुमा को साथ चलने के लिए फोन पर प्रार्थना की। वह भी दोस्त की सहायता के लिए तत्काल तैयार हो गयी।

सासाकि के आश्चर्य की सीमा नहीं रही अब मात्सुमुरा के बाद कासुगा भी मोती लौटाने के लिए आ पहुँची। उसने वह मोती भी स्वीकार कर लिया यह सोचकर कि शायद यही उसकी अँगूठी में फिट हो जाए। पर वह बहुत छोटा था।

रास्ते में, लौटते समय उन दोनों में से किसी ने भी नहीं सोचा कि सासाकि उनके बारे में क्या सोच रही होगी वे लंबी चुप्पी में डूब गयीं।

कुछ भी नहीं किया जा सकता आजुमा यह जानती थी कि वास्तव में ही उसने मोती नहीं निगला है। मित्रों को शर्मिंदगी से बचाने के लिए ही उसने बात अपने पर ले ली। पर इतना तय था कि बात कुछ न कुछ गहरी जरूर थी।

मोती लौटाने के बाद मात्सुमुरा राहत का अनुभव कर रही थी। लेकिन यह भी हैरानी की बात थी कि उसके पर्स में मोती कैसे चला गया। उसने कुर्सी पर पर्स रखा जरूर था, लेकिन खोला नहीं था। उसने केक खाते समय भी पेपर नेपकिन से काम चला लिया था। बंद पर्स में वह किस तरह पहुँच गया। उसने महसूस किया कि छोटी-सी यह बात उसके दिमाग में पहले क्यों नहीं आयी? उन तीनों में से ही किसी ने चुपके से उसमें मोती डाल दिया होगा। वह यमामोतो ही हो सकती है।

दरवाजे पर खड़ी मात्सुमुरा को देखकर यमामोतो उसके आने का इरादा भाँप गयी। उसने पहले से ही बचाव का रास्ता सोच लिया था।

'तुम्हारे सिवा और कोई दूसरा नहीं हो सकता जो इस तरह की बेहूदगी कर सके।'

'तुमने मुझे ही क्यों चुना? क्या प्रूफ है तुम्हारे पास?'

'आजुमा ने सारा दोष पहले ही खुद पर ले लिया है और कासुगा के पास इस तरह के भयंकर काम के लिए हिम्मत नहीं है। सिर्फ तुम्हीं ही बची हो।'

यमामोतो को काटो तो खून नहीं।

'मुझे पता नहीं था कि तुम मुझसे इतनी नफरत करती हो।'

'तुम्हारे आंसू मुझे डिगा नहीं सकते।'

'जो अब तक मैं छिपाये रखना चाहती थी, मुझे यह कह देना चाहिए'

'आजुमा और कासुगा।'

'कृपया इन दोनों का नाम मुझे हटा लेने दो। जैसा कि मैंने कहा कि मेहमानों में से किसी एक ने पर्स खोलकर उसमें मोती डाल दिया। मैं तुम्हें सचेत करना चाहती थी, लेकिन तुम्हारी नापसंदगी के कारण मैं कुछ कह न सकी। और टैक्सी में भी इससे पहले कि तुम्हें कुछ बता पाती तुमने तो तुरंत टैक्सी से उतर जाने का निश्चय कर लिया था। मैं किसी का जी दुखाना नहीं चाहती।'

'इस तरह झूठ-पर-झूठ बोलने से काम नहीं चलेगा।' मात्सुमुरा तेज हो उठी।

यमामोतो की आँखों से आँसुओं की धारा बह निकली। यह पहला मौका था जब वह रोती देखी गयी।

यदि यमामोतो की कहानी को सच भी मान लिया जाए फिर भी कासुगा इस तरह की हरकत नहीं कर सकती।

'हम दोनों के स्वभाव में अंतर हो सकता है।' आँसू भरी आँखों से देखकर यमामोतो ने कहा, 'मैं इस बात से इनकार नहीं कर सकती कि मैं तुम्हारी कुछ बातों को सख्त नापसंद करती हूं। पर यह तो बहुत बुरी बात है कि तुम खुल्लम-खुल्ला मुझ पर शक कर रही हो। मुझे इससे ज्यादा कुछ नहीं कहना और मुझे किसी का जी भी नहीं दुखाना। इसलिए सारा दोष, मैं खुद पर लेती हूँ।'

मात्सुमुरा कभी उससे भावनात्मक स्तर तक जुड़ चुकी थी।

जब वह रोते-रोते भीग चुकी तो मात्सुमुरा ने उसे प्यार से कुर्सी पर बैंठाया।

शायद ऐसा कुछ भी नहीं होता यदि मात्सुमुरा न आती। उसने अपना सिर आगे-पीछे घुमाया और सैलोन चाय के साथ ही मोती उगल दिया। शायद मात्सुमुरा के लिए यह पहला मौका था जब उसने किसी को मोती उगलते देखा था, जैसे कोई जहर उगल रहा हो।

उस क्षण को चाहे कितना ही साहसी क्यों न कहा जाय, मर्मस्पर्शी क्षण था। वह यमामोतो की सरलता से इतना प्रभावित हुई कि वह उसे संत दिखायी दे रही थी। उसकी आँखें भी नीली हो आयीं।

'मुझे माफ कर दो। यह मेरी गलती थी।'

जब सासाकि ने यह अफवाह सुनी कि यमामोतो और मात्सुमुरा के संबंध घनिष्ठ हो गये हैं। आजमा और कासुगा जो कि घनिष्ठ मित्र थीं बहुत दूर जा चुकी हें। तो उसे लगा कि संसार में कुछ भी असंभव नहीं है।

जो भी हो, उसने सुनार को नये फैशन की अंगूठी बनाने के लिए कहा जिसमें बड़ा और छोटा दोनों मोती फिट हो सकें।

वह बहुत जल्द ही जन्म-दिन की इस घटना को भूल गयी। अगली बार जब उससे उम्र के बारे में पूछा गया तो हमेशा की तरह उसने झूठ बोल दिया!

सात पुल
(नानाबाशी)

सितंबर की पूर्णिमा को रात साढ़े ग्यारह बजे। टोली का मनोरंजन करने के बाद कोयुमि और कानूको लारेल हाउस पहुँच कर तत्काल युकातो[1] में लिपट गयीं। यदि कोई और दिन होता बाहर जाने से पहले एक बार जरूर स्नान करतीं, लेकिन आज उनके पास वक्त नहीं था।

पाँच फुटी गोल-मटोल बयालीस वर्षीय कोयुमि ने काली पत्तियों वाले डिजाइन का सफेद किमोनो पहना। बाईस वर्षीया गेइशा[2] कानूको जो कि एक कुशल नर्तकी थी और वसन्तोत्सव में नृत्य करने वाली थी। गहरे नीले रंग का क्रेप किमोनो पहना।

'मासाको का किमोनो कैसा होगा?' कानको ने कहा।

'निश्चित रूप से मीठे पीले रंग का। वह माँ बनने वाली है।'

'तो नौबत यहाँ तक आ पहुँची?'

'यही तो मुसीबत है। उसकी मंजिल अब भी बहुत दूर है।'

गेइशाओं में यह विश्वास प्रचलित है कि जो मीठे पीले रंग का गर्मी का किमोनो, प्राकृतिक नमूनों वाला सर्दी का किमोनो पहने तो वह जल्दी ही गर्भवती हो जाती है।

अनजान आदमी द्वारा कौमार्य भंग। कैसा अजूबा है यह।

कोयुमि जब भी शाम को बाहर जाने को होती है उसे हमेशा

भूख आ घेरती है। लेकिन ग्राहकों के सामने अपनी भूख की परवाह कभी नहीं करती, भले ही सामने वाला कितना ही उबाऊ क्यों न हो। पर काम के बाद उसे अचानक ही भूख का दौरा पड़ने लगता।

उन दोनों ने लारेल हाउस को खाने-पीने, पब्लिसिटी के लिए बिल चुकता किया। कोयुमि का बिल हमेशा ज्यादा होता क्योंकि स्वादु खाने-पीने की शौकीन थी।

जब वे दोनों गेइशाएँ योनेई हाउस की तरफ बढ़ रही थीं तो गिजा[3] उजाड़ हो चुका था।

'आसमान साफ है चाँदनी में आखिर हम आदमी को देख तो सकती हैं।' कानूको ने कहा।

कोयुमि सिर्फ अपने भूखे पेट के बारे में सोच रही थी। आज रात की पहली टोली योनेइ और आखिरी टोली कुमिनोया में थी। वह जैसे ही रसोईघर के दरवाजे पर पहुंची तो तसाको उनका इंतजार कर रही थी। उसने उसी तरह का किमोनो पहना था जैसा कि उनका अनुमान था।

'हमें इतनी जल्दी नहीं है। पहले कुछ खा लो।'

रसोईघर बची-खुची चीजों से खचाखच भरा था।

मसाको और कानूको एक ही उम्र की, एक-सी खूबसूरत एक ही स्कूल में पढ़ी थीं। उन दोनों के लगाव का वास्तविक कारण यह था कि मसाको अपनी दोस्त कानूको को बहुत प्यार करती थी।

मसाको वासेदा विश्वविद्यालय के कला विभाग की छात्रा थी। वह एक फिल्म अभिनेता की बेहद दीवानी थी। शायद उसे भी कोई पार्ट मिल जाता। मिला बस इतना ही कि समूहगान में वह भी खड़ी हो जाती।

'अगली बार तुम्हें अच्छा मौका मिलेगा।'

'तब तक बहुत देर हो चुकी होगी।'

मसाको 'आर' के नजदीक जाना चाहती थी और कोयुमि पैसे के।

'उसका नाम मिना है। महीना भर पहले ही गाँव से आयी है।'

'माँ ने उसे साथ भेजा है।' मसाको ने कहा।

उसी समय स्लाइडिंग दरवाजा खोल कर मिना ने झाँका।

'शायद मैंने तुमसे पहले भी कहा है कि दरवाजा खोलते समय पहले झुको।' उसकी आवाज में सख्ती थी।

'जी हाँ।'

कानूको अपनी हँसी न रोक सकी। पैच लगा। अस्त-व्यस्त किमोनो, बिखरे बाल, मोटे नैन-नक्श, सूजे गाल, छोटे-छोटे छेदों जैसी आँखें और टेढ़े-मेढ़े दाँत! यह सब कुछ ऐसा था कि उसके बारे में कुछ भी कहना मुश्किल था।

'अच्छा बॉडीगार्ड है।'

'मैं तुमसे पहले भी कह चुकी हूँ। अब एक बार फिर से कहती हूँ। यहाँ से बाहर निकलकर जब तक हम सातों पुल पार न कर लें, तुम्हें अपनी जबान नहीं खोलनी, चाहे कुछ भी क्यों न हो जाए। एक बात और! एक ही रास्ते से दो बार नहीं जाना। सभी को कोयुमि के पीछे चलना है।'

'जी अच्छा।'

यह जानना मुश्किल था कि वह किस हद तक समझ चुकी थी।

'किसी भी तरह से हो, तुम्हें बात माननी होगी।'

'जी हाँ।' चेहरे पर हल्की मुसकान बिखेरते हुए मिना ने कहा—'हम मियोशी पुल से शुरू करेंगे, दो दरियाओं पर टिके होने से इसे हम दो पुल मान लेंगे।'

तीनों औरतें अच्छी तरह जानती हैं कि एक बार बाहर निकलने पर बात करना मुश्किल हो जाएगा।

रसोई के दरवाजे तक पहुँचने पर उनकी प्रतीक्षा हो रही थी।

उन दोनों ने नजरें मिलाईं और मुस्कान में नहा उठीं।

चारों औरतें शोवा एवेन्यू की तरफ बढ़ीं। कोयुमि सबसे आगे थी। पार्किंग पीछे छूट चुका था, कारों के आसपास भी झींगुरों की आवाजें सुनाई पड़ रही थीं। गलियाँ गहरी नींद में सो चुकी थीं। कभी-कभी मोटरसाइकिल की आवाज जगा देती थी। कोयुमि अपने सामने उजाड़ सड़कों को देखकर बेहद खुश थी। उसका पेट भरा था और अपनी मालिक इस समय वह खुद थी। उसकी यही इच्छा थी कि वह यूँ ही इस चाँदनी-रात में चलती चली जाए। इस चाँदनी में तो शीशा तक भी चमक उठता। रात की ठंडी हवा उन्हें बेध रही थी। उनका जिस्म रोमांचित हो उठा था।

मसाको और कानूको ने अपनी पतली उँगलियों से घेरा बनाया, बिना कुछ बोले उनकी मन्नत को गहराई से महसूसा जा सकता था।

मसाको 'आर' की मधुर आवाज फैली आँखों की कल्पना में डूबी थी, जो उसे मंदिर में सुनायी पड़ने वाली थी। शिमबाशी के प्रसिद्ध रेस्टोरां के मालिक की बेटी होने से, कोई कारण ऐसा नहीं था कि उसकी मन्नत पूरी न होती। उसके कानों को छूने वाली 'आर' की गर्म साँसों को वह अंत तक सँजोये हुए है। शराब की गंध से अलग-अलग मस्त कर देने वाली सांसों की गंध। उसका अब भी विश्वास था या अविश्वास कि 'आर' अब भी इस दुनिया में कहीं-न-कहीं जरूर होगा। अकेलेपन के क्षणों में उसका शक उसे मायूस कर देता था।

कानूको एक धनी मोटे प्रौढ़ की कल्पना कर रही थी। उसे धनी दिखने के लिए सचमुच मोटा होना पड़ेगा। उस समय वह कितनी खुश होगी। आँखें बंद कर उसे सोचने की आदत थी। जैसे

ही वह आँखें खोलती उसका काल्पनिक पुरुष न जाने कहां खो जाता। उस भरपूर सुरक्षा के बारे में सोच-सोच कर वह बाग-बाग हो जाती।

बाकी दोनों लड़कियाँ उनके पीछे-पीछे घिसट रही थीं। बिना किसी उद्देश्य के मिना दूर आकाश में देख रही थी। कानूको को लगा कि मिना उसकी प्रार्थनाओं का अपमान कर रही है। उन्हें अपने सामने मियोशि पुल दिखाई पड़ा। सात में से पहला पुल जो 'वाई' की आकृति का बना हुआ था। सेंट्रल डिस्ट्रिक्ट ऑफिस की धुँधली इमारतें दूसरे किनारे पर थीं। सफेद घंटाघर और आसमान, दोनों ही खुद की उद्घोषित कर रहे थे।

पुल के अंतिम सिरे पर जाकर उस औरत ने भी प्रार्थना के लिए हाथ जोड़ दिये। पास की इमारत से छन-छन कर आती रोशनी में उन्होंने एक पुरुष को देखा।

लैंप पोस्ट के नीचे सुस्ता कर कोयुमि अपनी साथियों को पलट कर देखने लगी। देखा-देखी तीनों औरतों ने भी अपने दोनों हाथ जोड़ दिये। उस पुल की तीन भुजाओं में से दो को पार कर लेने पर उसे लगा कि पुल पर उसे चार बार प्रार्थना करनी पड़ेगी।

मसाको को लगा कि 'आर' के साथ के बिना वह वास्तव में ही मर जाएगी। और कानूको सोच में डूबी थी कि अच्छे मरद के बिना जिंदगी का मजा नहीं रह जाएगा। भले ही उन्होंने इस पुल को पार कर लिया है। उसके हाथ प्रार्थना के लिए फिर से उठे। मिना की प्रार्थना की अहमियत उसके लिए न के बराबर थी।

नदी के साथ-साथ वे भी दक्षिण की ओर मुड़ीं। अचानक ही कानूको को अजीब तरह का पेट-दर्द महसूस हुआ।

शहर के ठीक बीचों-बीच त्सुकिजी नामक विवर्ण और जीर्ण-शीर्ण पुल बिल्कुल ठूँठ जैसा, जिसे कभी आस्था से रोपा गया था।

कोयुमि के हाथ प्रार्थना के लिए जुड़ उठे। अगुआ होने से शायद यही उसकी जिम्मेवारी थी। प्रार्थना करना तो वह बहुत पहले भूल चुकी थी।

पुल के चार खंभे भी उसी की तरह आकर्षणहीन थे। उसे पार करते समय कानूको ने पाया कि पेट-दर्द उसे तकलीफ दे रहा है। उसका चेहरा पीला पड़ता गया और वह खुद को सँभाल न पायी। शायद उसकी मूर्खतापूर्ण और बचकानी (कभी न पूरी होने वाली) इच्छा ही उसके दर्द का कारण होगा।

जब चौथा पुल नजर आया तो उसने नृत्यमयी मुद्रा में मसाको के कंधे को धीरे से छुआ। शायद वह इससे आगे नहीं चल सकती। और वह स्ट्रीट कार लाइन को पार करती खाली टैक्सी की ओर बढ़ रही थी। मासाको यह सोचकर उसके पीछे नहीं गयी कि बीच मँझधार इस तरह पीछे लौटना अपशगुन ही हो सकता है।

इरिफुना पुल को पार करते ही उन तीनों के हाथ प्रार्थनाओं के लिए जुड़ गये।

पाँचवां अकात्सुकि पुल कुछ दूरी पर था। दाहिनी ओर ज्यादातर रेस्तोरों की कतार और बायीं ओर इमारतों के लिए जुटाये गये पत्थरों का ढेर।

मसाको पसीने से लथपथ हो चुकी थी और वह उस आसमान के बारे में सोच रही थी, जहाँ से चाँद कभी झाँकता और कभी बादलों के घेरे में कैद हो जाता था।

अंधेरे में अकात्सुकि पुल भूत की तरह दिखायी देने वाले पुल को वे जल्दी से पार कर लेना चाहती थी कि सामने से दौड़ती औरत उससे आ टकरायी।

'तुम कोयुमि हो। बरसों हो गये। और क्या तुम सचमुच न पहचानने का बहाना कर रही हो।'

ऐसे लगता था कि वह किसी दूसरे आदमी के लिए कुछ कह रही थी जो वहाँ नहीं था। उसकी आवाज उसकी मन्नतों में विघ्न डालने के लिए काफी थी।

मसाको ने देखा कि वह अधेड़ औरत शिमबाशी की एक गेइशा थी जो युद्ध के तत्काल बाद कभी-कभार दिखलायी पड़ जाती थी।

छठा, सकाई पुल एकदम सामने था। इस पुल के चरणों के पास अपनी मन्नत दुहरानी थी। मसाको ने देखा कि कोयुमि बहुत पीछे छूट चुकी थी।

मगर अपनी मन्नतों के लिए उसे सातवाँ पुल पार करना ही था, जिसका उसे कुछ भी सुराग नहीं मिल पा रहा था।

अब उसके साथ मिना चल रही थी। जिसकी मन्नतों के बारे में वह कुछ भी नहीं जानती थी। दिल में छिपी बात को न जानना भी किस कदर यातनापूर्ण हो सकता है यह उसे पहली बार महसूस हुआ।

सब कुछ भुलाकर उसे जल्दी-से-जल्दी सातवें पुल तक पहुँच जाना चाहिए।

दूर से धब्बे जैसे दिखायी देने वाले बल्बों की रोशनी अब साफ दिखायी देने लगी थी। उसने पढ़ा 'बिजेन पुल'। और उसके हाथ श्रद्धा से जुड़ गये। पास खड़ी मिना को भावपूर्ण मुद्रा में देखा।

'मुझे उसे यहाँ नहीं लाना चाहिए था।'

'रात के समय इस तरह तुम यहाँ क्या कर रही हो?'

गश्ती पुलिस-मैन ने तेजी से पूछा।

मसाको नहीं चाहती थी कि इस कदर बीच रास्ते बोलकर अपनी मन्नत में विघ्न डाले और मिना तो पहले ही न बोलने की कसम खा चुकी थी।

'जवाब दो, मुझे जवाब चाहिए।'

आवाज रूखी होती चली गयी।

पुल पार कर चुकने के बाद ही वह कुछ बता सकती इसलिए पुलिसमैन का हाथ झटक भागने लगी।

'इस तरह भाग जाना चाहती हो?'

'भागना? क्या कहना चाहते हो तुम?'

इससे पहले कि वह रुआँसी हो पाती उसकी प्रार्थनाओं में बाधा आ चुकी थी। और मिना सकुशल पुल पार कर चुकी थी। 'बाई द वे तुम्हारी मन्नत क्या थी?'

शायद उसने सैकड़ों बार पूछा होगा।

वह सिर्फ मुसकरा दी।

'तुम वास्तव में ही खतरनाक हो मिना।'

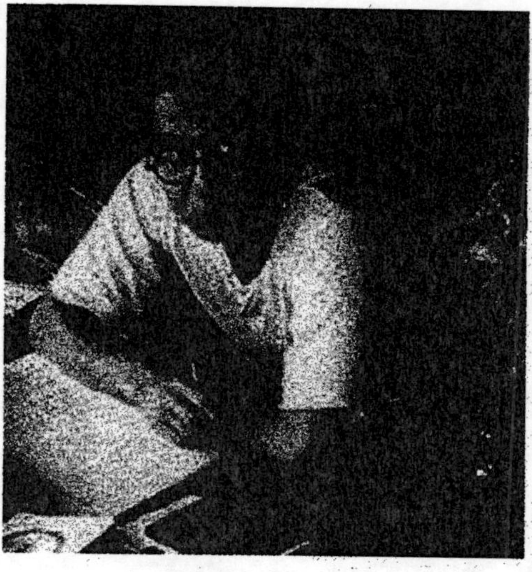

साकागुची अनगो

साकागुचि अनगो

साकागुचि अनगो का जन्म 1906 में हुआ। तोक्यो विश्वविद्यालय में भारतीय दर्शन लेकर इन्होंने स्नातक की उपाधि प्राप्त की और तभी से उन्होंने लिखना शुरू किया। ओवरकोट और नीला आसमान, हवा, रोशनी और बीस का मैं आदि कहानियों द्वारा इन्होंने साहित्यिक जगत में अपना महत्त्वपूर्ण स्थान बना लिया।

इन्होंने पारंपरिक मान्यताओं के विरुद्ध आवाज उठायी इसलिए इनका भाग्य उस व्यक्ति जैसा हो गया जो खुद को तबाह कर देता है।

प्रस्तुत कहानी 'हकुचि' में युद्धोत्तर भ्रष्टाचार और खालीपन का वर्णन है। शायद इसमें लेखक का जीवन प्रतिबिंबित हो उठा है।

पगली
(हकुचि)

उस घर में तरह-तरह के प्राणी रहा करते थे। इनसान, सूअर, कुत्ता, मुर्गी और बत्तख। पर इन सभी के रहने और खाने-पीने में शायद ही कोई फर्क हो। खँडहर जैसी इमारत स्टोर की तरह थी। मालिक-मकान और उसकी पत्नी नीचे और मां-बेटी किरायेदार के रूप में अटारी में रहते, बेटी गर्भवती थी, लेकिन कोई नहीं जानता कि कौन उत्तरदायी है।

इज़ावा ने जो कमरा किराये पर दिया, उसमें इस परिवार का पुत्र रहता था, वह अब मर चुका था। यदि उसमें सूअर रहता। तब भी उसकी हालत वैसी ही होती। फिर भी दराज, खाने और गुसलखाना सब कुछ था।

दोनों पति-पत्नी दर्जी थे और वे पड़ोसियों को सिलाई भी सिखाते थे। पड़ोस की एक एसोसिएशन का भी वह अधिकारी था और वह लड़की भी वहीं रहा करती थी। ऐसा लगता है अध्यक्ष और दर्जी को छोड़कर उसने सभी के साथ यौन-संबंध स्थापित किये थे। उसके दस से भी ज्यादा प्रेमी थे। और अब वह उनमें से किसी एक के बच्चे की माँ बनने वाली थी। जब यह बात सबको पता चल गयी तो सबने उस होने वाले बच्चे के लिए चंदा इकट्ठा किया। इस दुनिया में सब-कुछ संभव है। उनमें से एक दही बेचा

करता था, गर्भवती होने के बावजूद भी वह उसके साथ रात गुजारा करता था। जब दूसरे लोगों को पता चला तो उन्होंने अपने पैसे वापिस ले लिए और उसी पर ही माँ-बच्चे की देखभाल का भार डाल दिया। उनमें से सात-आठ ने पैसा देने से इनकार कर दिया। यूँ तो एक-एक के हिस्से पाँच येन आते थे लेकिन उस लड़की के लिए वह काफी बड़ी रकम थी।

वह बहुत दुबली-पतली थी। उसका मुख और आँखें बड़ी-बड़ी थीं। वह बत्तख से नफरत करती थी और बचा-खुचा खाना मुर्गी के सामने डाल देती थी। बत्तख भी जब-तब उस खाने को छीन लेती थी। उस कमरे में बत्तख आगे-आगे और वह लड़की पीछे-पीछे बड़ा पेट लेकर चलती तो उसकी चाल भी बत्तख जैसी हो जाती थी।

घर के पास चेहरे पर पाउडर पोते तंबाकू बेचने वाली पचपन वर्षीय औरत रहा करती थी जिसके बारे में सुना जाता था कि उसने अभी-अभी सातवें या आठवें प्रेमी से छुटकारा पा लिया है। अब वह किसी और बौद्धभिक्षु या शरीफ दुकानदार की तलाश में थी। पिछले दरवाजे से आने वाले किसी भी नौजवान को वह ब्लैक से सिगरेट बेचने के लिए मशहूर थी।

तंबाकू बेचनेवाली के ठीक सामने एक विधवा रहा करती थी जिसके एक बेटा-बेटी थे जो आदमी-औरत की तरह रहा करते थे। माँ ने भी उसे मौन स्वीकृति दे दी थी। थोड़े दिनों बाद जब वह लड़का दूसरी औरत ले आया और बहिन को पचास-साठ वर्ष के अधेड़ से शादी करने के लिए कहने लगा तो उसने जहर खा लिया। जहर फाँकने के तुरंत बाद जब वह सिलाई सीखने के लिए दर्जी के पास गयी तो वहीं मर गयी। डाक्टर ने भी प्रमाणपत्र दे दिया कि हृदयगति रुक जाने से ही मौत हुई है। इस तरह मामला रफा-दफा हो गया।

वह एक ऐसा मुहल्ला था, जहाँ की क़िरायेदार ज्यादातर रखैल या वेश्या हुआ करती थीं। औलाद न होने और कमरों को साफ-सुथरा रखने के कारण वहाँ का केयरटेकर भी उनकी निजी दुनिया में दखल नहीं देता था। बाकी के अपार्टमेंट्स में फैक्ट्री में काम करने वाली औरतें रहा करती थीं। ये गर्भवती औरतें काम न करने के बावजूद भी तनख्वाह पा लेती थीं। क्योंकि कोई-न-कोई औरत किसी-न-किसी की रखैल हुआ करती थी। ये औरतें एक तरह युद्ध के दिनों की पत्नियाँ थीं।

एक औरत की कीमत पाँच सौ येन सुनी जाती थी। और एक सिपाही गौरव के साथ कहा करता कि उसका पेशा हत्या करना है और दूसरा पाकेट-मारी का कलात्मक धंधा करता। उसके पिछवाड़े एक सब-लेफ्टिनेंट रहा करता जो हर रोज मछली खाता और चावल की शराब साके पीता।

पास का दुमंजिला डिपार्टमेंट स्टोर युद्ध के कारण, सामान न होने से बंद हो चुका था, पर ऊपरी मंजिल जुए का अड्डा बन चुकी थी। जुआरियों का सरदार दूसरे मदिरालय भी चलाता था। नशे में धुत् वह लाइन में खड़े शराबियों को घूरता रहता था।

विश्वविद्यालय से स्नातक होने के बाद इजावा समाचार-पत्र में रिपोर्टर बन गया था, साथ ही वह छोटी-मोटी फिल्मों के लिए भी लिखने लगा था। वह सत्ताईस वर्षीय नवयुवक कुछ करना चाहता था। यूँ तो वह राजनीतिज्ञों, आर्मी ऑफिसरों, व्यापारियों, वेश्याओं के बारे में बखूबी लिखा करता था। लेकिन उसने फैक्ट्री के आसपास की दुनिया के बारे में कल्पना भी नहीं की थी। शुरू में तो उसने सोचा कि यह युद्ध के बाद का चरित्र है लेकिन जब दर्जी ने दार्शनिक अंदाज में कहा, 'इस तरह की बातें पड़ोस में होती ही रहती हैं।'

लेकिन एक पागल आदमी सबसे विचित्र था। उस आदमी की पच्चीस वर्षीया पत्नी और माँ थीं। ऐसा सुना जाता है कि उसकी माँ भी पागल थी। जब भी उसे दौरा पड़ता वह आसपास की शिकायत के लिए नंगे पैर एसोसिएशन की तरफ दौड़ी चली जाती। उसकी पत्नी वास्तव में मंदबुद्धि थी। शिकोकु की तीर्थयात्रा करते समय उसकी मुलाकात इस जवान औरत से हुई और यात्रा का प्रसाद समझ वह उसे घर ले आया और उससे शादी कर ली।

उस खूबसूरत पागल पत्नी की छोटी-छोटी आँखें, अंडाकार मुख, पुराने फैशन की गुड़िया या नोह के मुखौटे जैसा लगता था। सतही तौर पर वे दोनों एक-दूसरे के लिए बने थे। उसकी खूबसूरत आँखें मोटे शीशे वाले चश्मे से ढकी रहतीं।

आम आदमी और पागल में उतना ही फर्क है कि पागल ज्यादा सतर्क रहता था। जब उसने महसूस किया, भाषण झाड़ दिया, बत्तखों पर पत्थर फेंक दिये और मुर्गियों को दड़बे में डाल दिया। उसकी निजी जिंदगी शोर-शराबे से दूर थी, वह व्यर्थ की गप्पबाजी नहीं करता था, वह वास्तव में आत्मकेन्द्रित था।

गली के सामने एक ऐसा अपार्टमेंट था जहाँ से बहते हुए पानी, और औरतों की बेहूदी आवाजें सुनाई पड़ा करती थीं। इसमें दो वेश्याएँ रहा करती थी। जब बड़ी के पास ग्राहक आता तो छोटी नीचे जाकर टहलकदमी करती और जब छोटी के पास ग्राहक आता तो बड़ी रात्रि के गहन अंधकार को महसूस करती। और लोग सोचते कि उस पागल को ही-ही, ठी-ठी करने की आदत है।

पागल-पत्नी जरूरत से ज्यादा मौन और शांत रहने वाली थी। वह दबी-दबी जबान में बोलती जिसका अर्थ शायद ही किसी के पल्ले पड़ता। घर का कोई भी काम उससे न होता, वह खाना भी तब पकाती जब उसे पकाना पड़ता था। गलती हो जाने पर जब

उसे फटकारा जाता तो वह इतना घबरा जाती कि उससे सब-कुछ बिखर जाता। उसकी बूढ़ी सास अपने भाग्य को कोसती रहती कि ऐसी फूहड़ बहू मिली है जिसे चावल तक भी उबालना नहीं आता। यदि वह राशन खरीदने जाती तब भी लाइन में चुपचाप रहने के सिवा कुछ नहीं करती। पड़ोसी ही उसकी सहायता कर दिया करते। उस घर के तीन प्राणियों में से केवल माँ ही थी जिसकी आवाज जोर से सुनाई पड़ती।

औरत कभी-कभार दर्जी के सूअर-बाड़ा की तरफ जाती और पागल पति तोड़-फोड़ करता। बत्तखों पर पत्थर फेंकता, जैसे कि घर उसी का हो। पत्नी छाया की तरह चुपके से खिसक जाती या बाड़े के पीछे छिप जाती।

इजावा को अपना काम घटिया से घटिया लगता। ऐसे लोग सिर्फ रोजमर्रा के फैशन की ही बात समझते दिखायी देते हैं। कहीं वक्त से पिछड़ न जाएँ यही कोशिश बरकरार रहती है। इस संसार में व्यक्तित्व के लिए कोई समान नहीं होता। आकिसड़ा, सिविल सवेन्ट्स और टीचर्स की बातचीत में ईगो मानवता और व्यक्तित्व जैसे शब्द अक्सर सुनायी पड़ते हैं। पर यह सब तो शब्दाडंबर है। मानवीय पीड़ा से उनका अभिप्राय होता है। यह सब तो बेहूदगी है जैसे कि किसी औरत को खुश करने के लिए रात भर शराब पीने के बाद अपनी पूरी जेब खाली करके कोई कंगला हो गया हो। नफीस गद्य या बेहतरीन फिल्म तैयार करने से भी क्या होता है? उनका न तो आध्यात्मिक अर्थ होता है। और यथार्थवादी उगते सूर्य की लालिमा या जवानों की वीरता की प्रशंसा करने से भला क्या हो सकता है।

यह भी कहा जा सकता है कि लेखक मिलिटरी शासन के कारण नहीं लिख सके। पर सच तो यह है कि चाहे युद्ध हो या

शांति, वे ईमानदारी से किसी विषय पर लिख ही नहीं सकते। समाचार-पत्र के संवाददाता केवल इतना ही लिख सकते हैं, 'ओ बहादुर सिपाहियो, तुम्हारा धन्यवाद' देश का भाग्य उन लोगों के हाथ में है जो वास्तव में ही दुर्बल हैं। वह केवल मशीन बनकर रह गया है। वह एशट्रे में सिगरेट मसला इतना ही कह सकता है—'देखो! कला दुर्बल हो चुकी है, केवल समाचार ही सत्य है।'

'युद्ध और गरीबी में क्या रिश्ता है?' एक बार इजावा ने प्रेजिडेंट के ऑफिस से पूछा।

'तुम अपना काम करो, जैसा कि सभी लोग क़रते हैं, और अपनी तनख्वाह लो। वह सब सोचना बंद कर दो जिससे तुम्हारा मतलब नहीं है।'

घटिया से भी घटिया के सिवा उसका पेशा और कुछ हो ही कैसे सकता है। कभी-कभी बंदूक और भुखमरी भी समस्या का समाधान हो सकता है।

जब इजावा यह सब सोच रहा था तो उसके सहयोगी-साथी 'आल कैसे उगाएँ', 'साकुरा झड़ चुका है' आदि फिल्म बना रहे थे।

इजावा की स्फूर्ति भी चुकी थी। अगली सुबह जब उसने जाना कि उसे काम पर जाना है, वह तत्काल निंदियाने लगा। वह ऊँघ ही रहा था कि हवाई हमले की चेतावनी सुनाई पड़ी। उसने सामान बाँधा, सिगरेट जलायी। यदि वह काम पर नहीं जा सकता, कम-से-कम सिगरेट तो जला सकता है।

एक रात को, जब उसे बहुत देर हो चुकी थी और वह आखिरी ट्रेन ही पकड़ सका था। उसका बिस्तर जो कि हमेशा बिछा रहता है। वहाँ से गायब है। भला कौन आ सकता है उसके कमरे में? देखता क्या है कि साथ वाले घर की पागल-पत्नी वहाँ सिकुड़ी पड़ी है। इजावा को देखकर उसने बिस्तर में मुँह छिपा लिया, जब उसने

पाया कि वह नाराज नहीं है तो उससे दोस्ती करनी चाही। इजावा उससे पूछ भी क्या सकता था। उसके सवालों के जवाब में जो कुछ भी कहा जा सकता वह उसकी समझ में नहीं आ सकता था। उसे लगा कि उसे जरूरत से ज्यादा मारा-पीटा गया है और अपने बचाव के लिए वह यहाँ आ गयी है।

'यह दुखता है। अभी भी बहुत दुखता है।'

उसने अपनी दुखती बाँह दिखाते हुए कहा। वह उसके पहले के और अब के दर्द को न समझ सका। वह इतना ही जान सका कि अँधेरा होने पर खिड़की के रास्ते वह उसके कमरे में पहुँच सकी है। इजावा के लिए आधी रात को, उस डरी हुई औरत को घर पहुँचाना बहुत मुश्किल था। यदि वह सवेरा होने तक रुकता है तो मुसीबत बढ़ सकती है। खासकर उसका पागल पति उसके रात भर बाहर रहने को लेकर क्या तूफान ला दे।

'मैं उसे यहीं ठहरने दूँगा।'

उसके साहस का कारण केवल इतना था कि वह अपना कर्त्तव्य समझता था कि इस डरी-सहमी औरत को रात भर के लिए राहत दे सके। उसमें शर्म की कोई बात नहीं थी।

इजावा ने दो बिस्तर लगाये और उसे सो जाने के लिए कहा। कुछ क्षण बाद ही उसने पाया कि वह बिस्तर छोड़कर दीवार के सहारे खड़ी है यदि सर्दी न होती तब भी कोई बात नहीं थी। इस कड़कड़ाती सर्दी में जबकि उसका शरीर काँप रहा था वह औरत बगैर किसी बिछौने के रही। वह अपनी ड्रेस को कसकर पकड़े थी। 'क्या बात है? सो जाओ।'

दूसरी, तीसरी बार भी जब वह बिस्तर से उठ खड़ी हुई तो इजावा बोला।

'डरो मत' मैं तुम्हें बिल्कुल नहीं छुऊँगा। और छूने का कतई इरादा भी नहीं है मेरा।'

वह औरत कुछ बड़बड़ाई जो इजावा की समझ में नहीं आया। इजावा की बात भी उसकी समझ के बाहर थी। उसका चेहरा शायद यही कह रहा था कि मुझे यहाँ नहीं आना चाहिए था, क्योंकि तुम मुझे पसंद नहीं करते। मैंने सोचा था कि तुम मुझे पसंद करते हो।

इजावा को पहली बार समझ में आया कि वह उससे डरती नहीं है। और न ही धमकाये जाने के डर से छिपने के लिए आयी है। वह प्यार के कोमल तंतुओं को गिन रही होगी जो उसने इजावा में देखे होंगे। उसे कैसे विश्वास हुआ होगा कि इजावा उससे प्रेम करता है? उसने तो केवल दो-चार बार अभिवादन ही किया है। दूसरी औरतों से एकदम अलग-थलग। इजावा के बिना उसने जो भी गिने-चुने पल बिस्तर में गुजारे होंगे, उससे यह महसूस हुआ होगा कि इजावा उससे प्रेम नहीं करता।

तकिये के पास बैठकर इजावा ने उसे बिस्तर पर सुलाया और बाद में उसे थपथपाने लगा, जैसे कि वह किसी बच्ची को सहला रहा हो। शायद उसकी अपनी ही बच्ची। उसकी आँखें खालीपन से भर उठीं, शायद बचपन की मासूमियत थी।

'मैं तुमसे बिलकुल नफरत नहीं करता। शारीरिक संबंधों के अलावा दूसरे भी कई तरीके हो सकते हैं प्रेम जताने के।'

इन बातों को समझे जाने की कतई गुंजायश नहीं थी। शायद उन शब्दों की अर्थवत्ता भी क्या थी? वह तो एक पुरुष का समूचा प्यार था जो इन शब्दों में सिमट उठा था। सब कुछ छाया-सा था। लेकिन जैसे ही उसने अलकों को सहलाया, सचमुच उसकी आँखें छलक उठीं। प्यार के अनकहे इन पलों में उसने अपना स्वर्ग देख लिया था, शायद वह अपने भाग्य को सहला रहा था।

इसमें शक की गुंजायश नहीं कि जापान युद्ध में हार जाएगा

और उसकी भूमि पर अमरीका अधिकार कर लेगा। उसे दो सौ येन की चिंता थी जो उसे कंपनी से तरनख्वाह के रूप में मिला करते थे। यह तनख्वाह उसे कब तक मिलती रहेगी, अनिश्चित था। तनख्वाह लेते समय हर बार महसूस होता कि अब उसे हटा दिया जाएगा। लेकिन हर बार उसकी आँखें खुशी से भर उठतीं कम-से-कम एक महीने की आर्थिक सुरक्षा से।

यही दो सौ येन न केवल कला के सपने देखने को मिलते थे बल्कि उसके समूचे अस्तित्व को कायम रखने के लिए मिलते थे। जापान के हार जाने पर लाखों लोग तबाह हो जाएँगे। घास-फूस के गुड्डे-गुड़ियों की तरह बिखर जाएँगे। बाँह-पैर, सिर सब-कुछ अलग-अलग कर ईंटों के ढेर में मिल जाएँगे। धरती श्मशान की तरह हो जाएगी जहाँ न वृक्ष होंगे और न इमारतें। तब वह कहाँ शरण लेगा? यह सब कुछ होने वाला था। निश्चित सबसे साल-छह महीने के भीतर। कल्पना मात्र से ही वह काँप उठा था।

इजावा को औरत की जरूरत थी। यह जरूरत महज दो सौ येन से कैसे पूरी हो सकती है। यह औरत तो चावल उबालना तक नहीं जानती ज्यादा-से-ज्यादा वह राशन की लाइन में खड़ी हो सकती है या कभी-कभार अपना गुस्सा या प्यार टूटे-फूटे शब्दों में अभिव्यक्त कर सकती है।

यह औरत बेजान कठपुतली-सी है जो उसकी नम आँखों में बस चुकी है, जिसे बाँहों में भरकर वह जिंदगी की यात्रा पूरी कर सकता है। इजावा ने सोचा।

'मैं डरता क्यों हूँ? शायद बाहरी वातावरण से। सांसारिक वातावरण से मतलब है औरतों का संसार! वे औरतों जो अपार्टमेंट में रखैल या वेश्या बनकर रहती हैं।'

वह रात आश्चर्यजनक रूप से लंबी या छोटी थी, ठीक-ठीक

नहीं कहा जा सकता। सवेरा होने पर उसने पाया कि रात-भर तकिये के पास बैठकर वह उस औरत को सहलाता रहा है।

उस दिन के बाद से इजावा की दूसरी जिंदगी शुरू हो गयी। एक महिला उस घर से जुड़ गयी थी। जब वह काम करने के लिए जाता तो वह पागल औरत घर में रहकर उसकी प्रतीक्षा करती। उसे लगता कि ऐसा पिछले कई वर्षों से हो रहा है।

इधर युद्ध शुरू हो चुका था और उसके भयंकर परिणाम भी सामने आ चुके थे। कभी सायरन की आवाज और कभी गोला-बारूद की।

उस औरत के चिर प्रतीक्षित शरीर को वह कभी नहीं भूल सकता। वह प्रतीक्षा ही करती रही थी। उसके एक अंग को स्पर्श करने से उसका शरीर रोमांचित हो उठता और वह यौन संसार में पहुँच जाती। यहाँ तक नींद में भी उसका शरीर स्नेहिल स्पर्श का इच्छुक होता। ऐसे लगता कि उसका शरीर ही जीवित है, हमेशा प्रतीक्षारत। जागते हुए लगता कि जब वह जगती है तो उसका मन सोता है और जब वह सोती है तो उसका शरीर जागा करता है।

बम-वर्षा से बचने के लिए इजावा के पास कोई साधन नहीं था। बम की भीषण आवाज के साथ वे दोनों एक साथ एक-दूसरे से सटकर बचाव की कोशिश कर सकते थे। काँपती जमीन और काँपते उनके शरीर। सौभाग्य से इजावा की झोंपड़ी दो मंजिला इमारतों से घिरी हुई थी। हवाई हमले से जब छतें, दरवाजे और इमारतें ध्वस्त हो गयी थीं तब उनकी छोटी-सी झोंपड़ी बच रही थी। उसमें रहने वाले बच्चों जैसी मासूमियत लिए हुए। इन भयंकर क्षणों में बड़ों की अपेक्षा बच्चे ज्यादा समझदारी का परिचय देते हैं।

हवाई हमला बंद हो गया था और वह अब भी इजावा की

बाँहों में थी। गहरे, घने अंधकार के सिवा वहाँ कुछ भी नहीं था।

दस मार्च के भीषण हवाई हमले का परिणाम भी सामने था। मनुष्यों, पशुओं के भुने जले-कटे शरीर, चावलों के खेतों, गलियों और खँडहरी इमारतों में पड़े थे। लेकिन उन शवों को देखकर ऐसा नहीं लगता था कि वे 'कुत्ते की मौत मरे' हैं।

पगली औरत की मृत्यु पर ऐसा नहीं लगता कि एक घास-फूस की एक गुड़िया जहाँ से आयी थी, वहीं लौट गयी है। इजावा उस रात की प्रतीक्षा कर रहा था कि वह कभी भी आ सकती है। विचारों में डूबा था इजावा मन रहित शरीर की मृत्यु के बारे में। हवाई हमला कभी भी हो सकता था।

पंद्रह अप्रैल। इके बुकुरो, सुगामो तथा तोक्यो के दूसरे इलाकों को नष्ट-भ्रष्ट करने वाली रात से दो दिन पहले। इजावा साइतामा जाकर कुछ चावल खरीद लाया था। इधर चेतावनी के सायरन बज रहे थे और उधर इजावा कुएँ पर मुँह-हाथ धो रखा था। इन नाजुक क्षणों में वह हास-परिहास की पूरी शक्ति अपने विचारों में भर लेना चाहता था। एक के बाद एक अमरीकन जहाज तबाही के लिए आ गये थे। थोड़ी देर बाद उसने पाया कि स्टेशन का इलाका आग का दरिया बन चुका है।

दर्जी और उसकी पत्नी भी अपना सब कुछ छिपा कर वहाँ आ खड़े थे। 'इस तरह की धुएँ भरी आग में घुटकर मर जाने से अच्छा है कि कहीं भाग जाएँ।' कोई ऐसी ताकत थी जो इजावा को भागने से रोक रही थी।

'जल्दी करो जल्दी!'

शायद वह अपनी पत्नी को कह रहा था।

'एक मिनट में ही सब स्वाहा हो जाएगा।'

वह यह चाहता था कि सभी लोग उससे पहले चले जाएँ कहीं

कोई उसकी पागल-पत्नी के बारे में न जान जाये। पड़ोसियों से यह उसकी आखिरी मुलाकात थी।

भयावह आवाज थी वह। जैसे शोर करती लहरें चट्टानों से टकरा रही हों तो चार हजार लोगों की पदचाप थी जो उस सड़क से गुजर रहे थे। धरती और आकाश अनगिनत आवाजों से भर चुके थे। अजीबोगरीब सन्नाटे और अकेलेपन ने इजावा को अँधेरे की ओर धकेल दिया था।

आसपास आग की भयंकर लपेट में था।

वह अपनी पागल पत्नी की ओर भागा। उसे पीठ पर बैठा कर भागने लगा। सभी एक ही दिशा की ओर भागे जा रहे थे। वहाँ सिर्फ डरे-सहमे लोगों का हुजूम, बेतरतीबी से बिखरा सामान था।

पानी से भरे गड्ढे में इज़ावा ने अपना सामान फेंक दिया और पत्नी को कसकर पकड़ा। शायद अपने भाग्य के एक सूत्र को आज़माने के लिए।

'मरते समय भी हम दोनों साथ-साथ होंगे।' पगली ने मासूमियत से सिर हिला दिया। डर के इन क्षणों में यह उसकी पहली हरकत थी। उसे लगा कि वह इनसान का आलिंगन कर रहा है।

सड़क के दोनों ओर अब भी आग का दरिया था, जिसमें इमारतें, घर सब कुछ डूब चुका था।

वे अब भी उस गड्ढे में घुसे हुए थे। सहमे लोगों को आता-जाता देख रहे थे। उसने फिर से उसे बाँहों में भर लिया था। उस वक्त वह प्यारी-सी औरत थी जिसे वह ललचायी नजरों से देख रहा था।

उसे खालीपन ने आ घेरा था पहाड़ों को चीरती सड़क ठीक बीचों-बीच भाग रही थी। पहाड़ों के आस-पास सब-कुछ जल रहा था। गेहूँ के खेत, इमारतें, बौद्ध मन्दिर, घर और स्नानगृह सभी कुछ आग की लपेट में आ चुके थे। उस आग में कई रंग थे सफेद,

लाल, नारंगी और नीला। खेत से सटी छोटी-सी पहाड़ी थी। जहाँ शायद ही कोई आदमी होगा। उन दोनों ने पेड़ के नीचे बिस्तर बिछाया।

पास के फार्महाउस के कुएँ पर एक आदमी को पानी पीता देख झुंड का झुंड पानी पीने और जलते घर की आग तापने लगा। किसी ने भी आग बुझाने की कोशिश नहीं की।

'थोड़ी देर के लिए सो जाओ।'

और इज़ावा सिगरेट पीने लगा। कुछ देर बाद सेना के सिपाहियों ने घोषणा की कि अब खतरा टल चुका है। उनकी आवाज आदमियों सी न होकर घोड़ों जैसी थी।

'सभी लोग यागुचि स्कूल में इकट्ठा हो जाएँ, वह इमारत अब भी ज्यों-की-त्यों सुरक्षित है।'

वह औरत घोड़े बेचकर सो चुकी थी। वैसी नींद या तो मृतक की हो सकती है और या उस औरत की। उसके चेहरे पर किसी भी प्रकार का दर्द नहीं था।

अमरीका ने सब-कुछ जलाकर राख कर दिया। बाकी बचे आदमियों को वे मशीनगन से भूनकर रख देंगे। औरतों से बलात्कार करेंगे।

इधर सवेरे का जाड़ा और उधर सिर्फ ओवरकोट और जाकेट जो बचाव के लिए कम थे। खेत अब भी जल रहे थे। इज़ावा खुद को गर्म करना चाहता था। लेकिन उस औरत को छोड़कर जा नहीं सका।

इस वक्त उसे औरत से जरा-सी भी हमदर्दी या आसक्ति नहीं रह गयी थी, न आकर्षण और न ही लगाव की बात थी। वह उसे छोड़कर भाग जाना चाहता था।

इज़ावा को यह भी मालूम नहीं था कि कौन-सी जगह वह रह

सकता है, क्या खा सकता है? सब कुछ समाप्त हो चुका है जिसके बारे में ज्यादा सोचना भी बेकार है।

सबेरा होने पर वह इस औरत को जगाएगा और वे दोनों स्टेशन की ओर चले जाएँगे।

उसे नहीं मालूम कि रेलगाड़ी या ट्राम चल रही होंगी। आसपास साफ-सुथरा होगा, जहाँ से सूरज की किरणें उसे या उसकी पीठ पर बँधे सूअर को छू रही होंगी।

❑❑❑